台灣經濟論叢①

台灣泡沫經濟

于宗先、王金利／著

新版序

　　《台灣泡沫經濟》初稿係在1997年冬天完成，當時東亞金融風暴已籠罩東南亞，又橫掃東北亞。在這個地區的國家股價都大幅下跌，除香港與中國大陸外，貨幣亦均貶值。惟在這一年，台灣經濟基本面之表現仍很亮麗，絲毫無不景氣的跡象。西方國家也認為，這是限於亞洲的金融風暴，不會波及它們的經濟。但是，到了1998年下半年，墨西哥與阿根廷的金融危機影響了美國經濟；而俄國的金融危機也直接衝擊到德國經濟。原屬於東亞地區的金融風暴便演變成世界性金融危機了。同時，台灣金融情勢也緊張起來，不少財團的財務告急，很多上市公司瀕於「斷頭」局面，無論政府或民間都感受到金融風暴引起的不安與憂慮。

　　這種現象使我們想到《台灣泡沫經濟》應將這一次的泡沫現象較完整地包括進去，況且，《台灣泡沫經濟》自於1998年春出版，經瑞興圖書公司發行以來，甚受讀者的

歡迎。我們乃有改寫這本書的動機。

聯經出版公司是在台灣出版界聲譽相當高的公司,該公司的編輯諸先生有意將這本《台灣泡沫經濟》成為他們的台灣經濟論叢之一,我們樂意接受他們的建議。於是將原著的第九章:〈1996~1997的台灣股價〉,改變為:〈台灣對東亞金融風暴的反應〉。很自然地,將1997年和1998年台灣所發生的金融危機作了深入的闡釋,並對政府在這方面的措施作了批判性的分析。同時也改寫了第一章:〈導論〉,第十章:〈結論與建議〉,使其前後一致。由于宗先、徐滇慶與王金利三人合撰的《泡沫經濟與金融危機》一書,也利用了新版的數章,尤其是第五章、第六章與第九章,一併在此說明。

在這本新版《台灣泡沫經濟》中,如有任何錯誤,這是作者的責任;希望海內外同道惠予指教。

于宗先、王金利 謹識

1999年4月

序

　　在戰後五十多年，除最初六年，台灣經濟拮据，通貨膨脹劇烈，民生疾苦，無發展可言外，之後的四十五年，台灣經濟發展成果卻是開發地區中表現最為輝煌的一個。在其發展過程中，有很多寶貴的經驗，也有不少慘痛的教訓，對一般開發中國家固有「他山之石，可以攻錯」的參考價值，即使對台灣本身也有「前事不忘，後事之師」的啓示作用。

　　對於在其發展過程中，台灣所經歷的重大經濟事件及曾面臨的許多經濟問題，都值得學術界作有系統的研究。然而，在這方面的表現，除了學術性論文外，很難見到為社會大眾感到興趣、所能瞭解的專書問世。在這個考慮之下，于宗先一直想主編，或親自撰寫這方面的專書。在他主持中華經濟研究院時，他很幸運的得到俞國華文教基金會的支持，於最近兩年先後完成兩種專書，一種是同吳惠林主編的《經濟發展理論與政策之演變》；另一種是同李

誠主編的《經濟政策與經濟發展：台灣經濟發展之評價》。

　　1997年春，又得到俞國華文教基金會的支持，我們開始撰寫《台灣泡沫經濟》。台灣泡沫經濟是個新鮮的名詞，也是1980年代以來，台灣經濟發展的新經驗。這個經驗，無論對台灣，或對開發中國家都很重要，更何況自1996年夏以來，台灣股價又開始飆漲，一年之內，股價便上漲了一倍多。可是到了1997年9月，由於東南亞金融風暴的波及，台灣股價又開始暴跌，兩個月之內，竟從一萬多點跌到七千多點，跌幅在25%以上。這種暴漲暴跌的局面，又使人回想到1989~1990年股市的情景，及投資者遭受重大損失所顯出的無奈。

　　經過十個月的精心合作，我們完成了這本書，並為減少書中內容的錯誤起見，特別聘請專家、學者給我們提供意見，使本書得以較理想的面貌，呈現在讀者面前。

　　在此，我們需表示感謝的，除對本書內容提供批評及改進意見的陸民仁教授、李庸三董事長、許嘉棟副總裁、張鴻章教授及巫和懋教授外，為本書提供文獻的顏子魁教授，他遠從美國寄來參考論文；中央銀行經濟研究處簡濟民處長及嚴宗大博士，證券管理委員會的丁克華副主任委員，提供必要的統計資料；行政院主計處何金巡研究委員，不但提供整理好的統計資料，而且也協助部分計算工作；以及中興大學法商學院財稅學系的高櫻月助教、林育君助教、程文田先生與吳香蘭同學，他們為蒐集並整理計算資

料，盡心盡力。若無他們的協助，本書很難如期完成。

　　最值得感謝的，乃是俞國華文教基金會，若非它的鼎力支持，我們對台灣泡沫經濟空有構想，也難有如願實現的機會。

　　本書若有任何謬誤，我們負完全責任，尚祈海內外同道，不吝指教。

于宗先、王金利　謹識

1997年12月

目 次

表 次

圖　次

第一章

導 論

泡沫經濟(bubble economy)已取代經濟不景氣，成為世人之夢魘。如何戰勝這個夢魘，不僅成為金融界、學者、專家關心的課題，也是一般社會大眾茶餘酒後，談論的重點。為了使一般社會大眾，了解這個夢魘在台灣地區的形成、特質、影響範圍及消除之道，乃是撰寫本書的主要目的。

人們對遙遠的歷史，很容易淡忘，對最近的事件，特別是那些造成巨大損失的事件，往往仍會餘悸猶存，難以忘懷。因此，人們對於十七世紀發生的泡沫經濟，是以欣賞的態度去看它；對於最近發生的泡沫經濟，仍會有切膚之痛的感覺。

1987年10月股市黑色星期一，美、日股市崩盤的景象猶歷歷在目。曾幾何時，十年之後，也就是1997年7月東亞卻發生了空前的金融危機，地區遍及東亞各國，而且股市與匯市聯袂發生重挫。這會使人懷疑到東亞燦爛的經濟發展是否也如泡沫一樣，很快就失去它眩目的光彩？作為東亞地區一成員的台灣，曾遭受過1987年股市黑色星期一的波及，更親嘗1990年股

市大崩盤的慘痛，於今又要在股市與匯市夾縫中承受煎熬。

1980年代下半期，國際投機客（其實是國內業者）利用新台幣漸漸升值的機會，從外國匯入美金，換成新台幣，然後在台灣股市炒作；由於股價一直飆漲，在股市賺足錢後，再到匯市換成美金匯回外國。在此情況下，他們可有兩次機會賺錢。1997年，東亞金融危機的情況在性質上與上次並非完全相同。1997年真正的國際投機客將投資於東亞某一成員國股市的股票，作大量的拋售，導致該國股價的大幅下跌；再在匯市換成美金匯出，又導致該國貨幣對美元的貶值。股價下跌又產生了繼續下跌的預期心理，使股價更加下跌。而該國貨幣貶值之後，不但提高了進口價格，也使該國的外債負擔加重。不過，該國貨幣貶值之後，對提高競爭力會有幫助，也可改善貿易差額。

顯然，今後的市場經濟將以金融為主流，而金融內容隨著金融商品的不斷創新，更加複雜。像股票、債券、期貨、匯率、利率及其所衍生的商品均成為金融市場的主體。本書的撰述主要是以1980年代下半期，台灣所發生的股市泡沫為主幹，同時亦論及二十世紀末東亞金融風暴中台灣股市之大起大落。希望這兩次台灣金融市場大變動的經驗，能予人們以反思的機會，然後知所應變。

基於以上的考慮，本書的安排，除了導論外，在第二章分析泡沫經濟之涵義。為清楚了解泡沫經濟，我們須從泡沫與資產，泡沫與投機行為，泡沫與景氣循環，泡沫與通貨膨脹及股價與泡沫的分析著手，因為從它們之間的異同與關係，可使我

們更清楚地理解泡沫經濟的本質。

　　第三章敘述世界上著名的泡沫經濟，它包括十七世紀在荷蘭發生的鬱金香狂熱(Tulipmania)，也就是鬱金香泡沫；十八世紀初期在法國發生的密西西比股票泡沫(Mississippi bubble)，及在英國發生的南海股票泡沫(South Sea bubble)。這三種泡沫都是社會大眾非理性行為所造成的。到了二十世紀，所發生的泡沫經濟就很多了。最著名的是美國在1930年前後，發生的經濟大恐慌(Great Depression)，1987年股市黑色星期一，1978~81年墨西哥股市泡沫，1995年墨西哥金融危機，1990年日本及台灣的股市大崩盤。無疑地，股市已成為泡沫經濟產生的溫床了。

　　第四章是對台灣泡沫經濟研究的回顧。自1980年代以來，在台灣始有學者觸及泡沫經濟問題，但他們的研究主要限於：台灣股價是否存有泡沫經濟現象，影響台灣股價的因素及國內股價與國際股價之關聯性。在他們的研究中發現，認為台灣股價含有泡沫的成分，並認為利率、貨幣供給、國民生產毛額、匯率都是影響股價的重要因素。

　　第五章和第六章專門探討台灣經濟的泡沫問題。在1986年以前，無可觀的泡沫現象發生。自1986~90年，台灣泡沫經濟是：每次泡沫的起落，更有主泡沫的大起大落。不斷持續的出超(或超額儲蓄)使新台幣升值，地下投資公司之趁機炒作，對當時的股市、房市產生了火上加油的功效。為了了解台灣泡沫經濟之形成，乃建立了泡沫經濟的理論架構，認為當時泡沫經

濟之產生，源自總體經濟失衡和政治社會失衡，並同時作了實證分析。我們用簡單的迴歸式去探討股價與出超，股價與超額儲蓄，股價與匯率，股價與外匯存底，股價與貨幣供給，股價與利率，股價與物價，股價與國民生產毛額，台灣股價與美、日股價，股價與外資，股價與預期心理的關係，並發現它們對股價都有某種程度的解釋能力。在股價的最後決定式中，我們也發現前期股價、匯率、貨幣供給、消費者物價指數、以及工業生產指數，對月資料所表示的股價，都有相當高的解釋能力，尤其前期股價對當期股價的影響為最大。

關於台灣的房地產價，它在1980年代下半期之飛漲幅度，也是有史以來罕見的。1990年初，房地產價漲到最高點，然後伴同股價作大幅度滑落，但滑落幅度不及股價來得大，但它的影響卻很深遠，直到1997年房地產業仍處在不景氣中，其下跌後的價格欲漲乏力。關於房地產價格決定因素，在實證分析中，發現前期的股價對房地產價格之變動有很大的解釋能力，而貨幣供給對其也有相當大的影響。

第七章是討論泡沫經濟發生時期之社會現象及破滅原因。在發生時期之社會現象，諸如地下投資公司的更加猖獗，股市使很多人脫離工作崗位，助長色情行業之蔓延，使餐飲業極盛一時，以及失業現象被隱藏。至於破滅原因，在檢討中，認為本益比過高，台灣經濟成長呈下降之勢，政府貨幣政策的作用，國際股市的影響都是重要原因，而投資者之逢高追高，逢低殺低之非理性反應，是脆弱股市崩盤的根源。而第八章是分析泡

沫破滅後之影響,它包括扭曲股市為資本市場之形象,嚴重影響工業發展,導致台灣財富分配更加不均。地下投資公司因泡沫破滅而跟著瓦解所帶來之衝擊,導致房地產業一蹶不振,但股市泡沫之破滅也給貪婪者一個教訓:記取歷史教訓,理性觀察現實。

　　本書的重點本是討論1980年代末期的台灣泡沫經濟,但到了1997年,台灣的泡沫經濟又有浮現的跡象,1997年7月起的東亞金融風暴於1998年吹襲台灣,造成相當大的經濟損害。故在第九章我們討論台灣對東亞金融危機的反應,首先申述東亞金融危機爆發前後的台灣金融局面,然後分析1998年台灣對東亞金融危機的反應,進而陳述政府的紓困措施,並進行批判性的分析,同時也與1980年代末期的泡沫經濟進行比較。最後,我們仍應用已建立的泡沫經濟理論架構進行實證分析,發現貨幣供給與匯率以月資料所表示的股價,都有相當高的解釋能力。

　　最後一章是結論與建議。在結論方面,特別強調股價變動是一種貨幣現象,凡影響貨幣供給變動的力量都會使股價變動。台灣股市含有很大成分的非理性行為,非理性投機客頗有影響股價的力量,而投資散戶多盲從跟進。這是股價大起大落的主要原因。在建議方面,包括對投資者的建議和對執政當局的建議。對於前者,建議投資者重視基本面,作長期投資,不要將資金全投在股市上,更不可擴大信用;對於後者,如果金融市場完善,應讓市場自由運作,不宜作直接干預;如果金融

市場不完善，政府在採取影響貨幣走向而具有預警作用的措施時，應把握時機。無論如何，對股市採取任何行政干預都會產生些許後遺症。政府應從市場管理著手，規定股票上市公司財務的透明化，以徵信於投資大眾。

第二章

泡沫經濟之涵義

　　自1990年代以來，泡沫經濟一詞便成為金融界、新聞界常常提到的名詞。尤其最近兩、三年來，1995年墨西哥金融危機，1997年泰國金融風暴，而台灣的股價在一年之內暴漲了一倍多，泡沫經濟幾乎成為人人琅琅上口的名詞。泡沫經濟之所以受人重視，主要是因為它不僅與產業之盛衰息息相關，而且也與社會大眾生活十分密切。

　　用泡沫一詞形容一種經濟現象之盛衰、起落，可說相當貼切。泡沫發生較快，而破滅更快。在發生時，呈現炫麗奪目的光彩，可是好景不長，它會很快的破滅，而無影無蹤。於是有人將這種自然現象應用到經濟現象。在經濟世界中，有那幾種經濟會呈現泡沫現象呢？泡沫經濟不會發生在農業社會，因為任何一種農產品生產都需要較長的時間，而且多有季節性。我們所見到的泡沫經濟主要發生在工商業社會，特別較富裕的城市社會。它也不會發生在以物易物的社會，而是發生在以貨幣作媒介的社會。自1634~37年荷蘭鬱金香狂熱所形成的泡沫經

濟以來,它通常發生在資產上面,如股票價格,房地產價格,而且成為金融市場的一種重要現象。

理論上,泡沫經濟之發生,乃是市場經濟的一種失衡現象。在計劃經濟社會或配售制度社會,鮮有泡沫現象之存在。泡沫經濟之發生主要由於:(1)資訊不靈通,不對稱,即對有關交易對象的供需資訊欠缺,而且賣者與買者對未來情況的認知不一樣;(2)預期心理之過度反應。在理性上,認為一種資產價格不應漲得那麼高,或者跌得那麼低,可是非理性的投資者,卻認為它的價格還會漲,或者還會跌。在決策程序中,非理性的因素往往居優勢。也就是說,當一種資產價格,預期還會繼續上漲時,對它的需求就會增加;當需求大過供給時,該資產價格就會節節上升。

在世界上,曾有很多大小不一的泡沫經濟發生,每種泡沫經濟都有其造因、特徵及破滅等階段。泡沫現象對一國經濟能否造成「動搖國本」的後果?端視這個國家的經濟體質是否健康,尤其它的金融制度是否健全而定。如果金融制度並不健全,則易產生泡沫經濟。

為便於分析,我們在本章中,先廓清泡沫經濟與其相關的幾種觀念間之關係,例如資產、投機行為、景氣循環,以及通貨膨脹,然後再討論股票與股價的有關問題。

一、泡沫與資產

　　泡沫經濟通常發生在資產價格的變動上,諸如股票、黃金、外匯、土地、房地產的價格,但它不會發生在有限到期日的資產,如債券[1]。最常發生泡沫現象的資產是股票。當它發生於一種產業的股票時,它就會很快地蔓延到其他產業的股票,而且在股市泡沫現象發生時,無一種產業的股票得以倖免。股市崩盤往往是股票的全面崩潰。

　　顯然,泡沫經濟會使資產價值膨脹,這種資產的價格就會暴漲;泡沫經濟也會使資產價值縮水,這種資產價格就會暴跌。一種衡量方式為:因為資產市價(Ap_t)是由資產的基要價值(FP_t)和資產泡沫(B_t)所組成,即

$$Ap_t = FP_t + B_t$$

所以

$$B_t = Ap_t - FP_t \cdots\cdots\cdots\cdots\cdots\cdots (2\text{-}1)$$

$B_t > 0$ 即為泡沫現象;$B_t = 0$,無泡沫現象。

　　當一種資產的市價高於被折現後的未來資產每期預期收益

---

1 參見Hardouvelis的1988年文。

總和之數值,或資產的基要價值時,稱爲資產泡沫現象[2]。所謂資產的基要價值,乃是將未來資產每期之預期收益總和加以折現後的價值,也就是

$$FP_t = \sum_{i=1}^{\infty} \delta^i E(Y_{t+i} / I_t) \cdots\cdots\cdots\cdots (2\text{-}2)$$

式中 FP_t 爲 t 期資產的基要價值

δ 爲折現因子,即 $\delta = 1/(1+dr)$,dr爲折現率(discount rate)

E 爲預期符號

Y_t 爲 t 期資產收益

I_t 爲 t 期資訊集合

一種衡量泡沫的方式爲:

$$B_t = Ap_t - Fr_t > 0 \cdots\cdots\cdots\cdots (2\text{-}3)$$

式中 B_t 爲一種固定資產的泡沫,像房地產。

Ap_t爲某一期間內除以營造工程物價指數的固定資產價格的平均上漲率。

Fr_t爲金融界基本放款利率。

亦即固定資產價格的實質上漲率大於基本放款利率時,即爲此固定資產的泡沫現象。

---

2 參見Santoni的1987年文與Hardouvelis的1988年文。

二、泡沫與投機行為

在中國社會，大家對投機行為（speculation）持一種不屑一顧的態度，認為投機行為是市場的破壞力量。但是西方學者認為投機行為有穩定物價的作用[3]。理性的投機行為可減少物價波動的幅度，乃是因為它在低價時買進，高價時賣出，從而使上升的物價不致持續上升，而下降的物價不致持續下降。可是非理性的投機行為則是低價時賣出，高價時買進，因為他認為當期價格之上升是未來價格進一步上升的前兆，於是增加當期需求，從而更加提升當期價格。所以投機運作能否穩定價格，主要取決於它對未來物價的看法。

在一般情況，就購買實質資產而言，主要是為了獲得資本利得（capital gain），並非為了享受利用它所獲得的利益，因為資本利得係來自資產價格在未來的增加。投機需求不僅為當期價格的函數，也是預期未來價格的函數，以及其它包含在標準需求函數之內的變數。即

$$D_{ts} = \mathrm{f}(\,P_t, P^e_{t+i}, O_t\,) \quad\cdots\cdots\cdots\cdots\cdots\cdots\cdots (2\text{-}4)$$

---

3 理性的投機者，通常是在價格走低時買進，使價格止跌回升；價格走高時賣出，使價格止漲回降，這種反應，就有助於物價的穩定；可是非理性的投機者則在價格走低時賣出，價格走高時買進，也就是追高殺低，不利於物價的穩定。

式中 D_{ts} 代表投機需求，P_t 當期價格，P_{t+i}^e 代表預期價格，O_t 代表其他變數。

像台灣的股市，理性的投機行為是：股價攀高時賣出，攀低時買進，也就是說，在股價趨向上漲時，他賣出所持有的股票，在股價趨向下跌時，則購進市場上所提供的股票。在前種情況，因拋出股票而使股票供給增多，在需求為一定的情況下，股價會下跌；在後種情況，因購進股票而使需求增多，可使股價停止下跌或上漲。但是在一個股市裡，往往是既有理性的投機者，也有非理性的投機客。非理性的投機行為則為追高殺低，也就是說，當股價愈漲時，他就愈購進股票，使股價供給減少，造成股價的進一步上漲；當股價愈跌時，他就愈賣出股票，使股票供給增多，造成股價的進一步下跌。當理性投機者主宰股市時，股價不會一直飆漲，也不會一直暴跌；可是當非理性投機者掌握股市時，股價就會一路飆漲上去，或一路暴跌下來，於是泡沫現象便產生了。

「追高殺低」的結果，會使股價像雲霄飛車一樣爬得愈高，跌得愈慘。1980年代後期，台灣股市崩盤就是非理性投機「追高殺低」的結果。

三、泡沫與景氣循環

泡沫現象不同景氣循環。泡沫經濟不是經常重複發生的經濟現象，它發生於某一產業，當其產品價格或所引發的股票價

格，快速的上升之後，馬上又快速的降下來，而這種升降主要源自非理性的投機行為，因為它不是定期重複發生的，所以沒有循環的特性。

我們所熟悉的景氣循環，是指一種經濟的波動現象，它會在某一期間內，由復甦達至繁榮局面；然後由繁榮局面趨向衰退，再由衰退達至蕭條。蕭條之後，又會因經濟體制內或體制外因素的衝擊，趨向復甦，然後，再出現繁榮、衰退及蕭條局面。但是泡沫經濟則無這種循環現象。像圖2-1就是景氣循環現象，而圖2-2就是泡沫經濟現象。

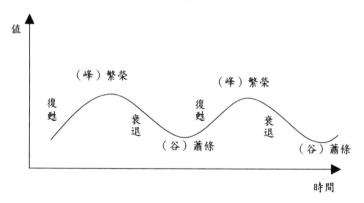

圖2-1 景氣循環現象

景氣循環中的復甦或衰退，通常不是在短時間之內就改變的，它需要數月，數季，甚至數年；但是泡沫經濟的興衰，則是短時間之內發生的現象。如果用雲霄飛車形容泡沫經濟也許較洽當些。雲霄飛車在拉上去時，速度較慢，但它是一直向上

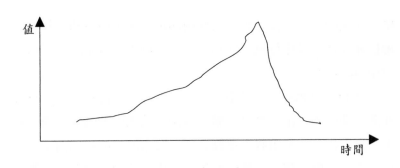

圖2-2 泡沫經濟現象

拉的；拉到頂之後，便以加速之勢，滑下來，直到最低點。

四、泡沫與通貨膨脹

通貨膨脹（inflation）一詞，正如森穆遜（Paul A. Samuelson）所說，它常被人誤解。根據他所作的定義：通貨膨脹之發生，乃是當物價與成本的「一般水準」正在上升。他所指的一般水準是指麵包、汽油、汽車的價格、遞增的工資、土地價格及資本財所衍生的租金等。相對的另個名詞爲通貨緊縮（deflation），則是指價格與成本的普遍下降。在通貨膨脹時期，並非所有物價與成本均以相同的比例上升，而是某一些物價與成本的一般水準上升[4]。

---

4 參見Samuelson的*Economics*, 1985年版。

　　通常通貨膨脹是以消費者物價指數的上升為指標，而通貨緊縮也是以消費者物價指數的下降為指標。消費者物價指數用來衡量消費者貨物與勞務的市場成本。這些消費財及勞務包括食物、衣服、住宅費用、燃料、交通工具和醫療等。除此，尚有生產者物價指數（即躉售物價指數）和國民生產毛額平減指數（GNP deflator，國民生產毛額構成因素總合的物價指數），也可用來表達通貨膨脹。

　　通貨膨脹主要來自某一期間內總需求大於總供給所引發的。當物價慢慢上升時所產生的通貨膨脹稱為低度型通貨膨脹（moderate inflation），所謂「低度」乃指物價年上升率不逾個位數，像1960年代台灣的通貨膨脹。當物價開始以兩位數字上升，如年率超過10%，稱為飛馳型通貨膨脹（galloping inflation），如1973~74年石油危機時的台灣通貨膨脹。當物價以超速上升，如年率在100%以上，稱為超速型通貨膨脹（hyper inflation），或稱惡性通貨膨脹，如1947~49年，中國大陸的通貨膨脹。

　　由上面的定義看來，快速型通貨膨脹或超速型通貨膨脹究與泡沫有何不同呢？泡沫通常發生在一類商品，如股票或房地產等。股價也是一種商品價格，這種商品不是消費者物價的構成因素，也不是躉售物價或國民生產毛額平減指數的構成因素，它的價格，基本上，也取決於股票的供需。無論股票的供給或需求都受預期心理的影響，而且股價對預期心理非常敏感。一般消費者物價指數不會在一夜之間下跌30%，或上漲30%，但是股價下跌或上升的速度都非常快。通貨膨脹所指的

消費者物價指數包括許多商品的價格，然後按權數，構成指數。但股價僅是各種股票的綜合價格。在變動型態上，兩者有些相似。所不同的是一般消費者物價指數不會在一夜之間就暴漲或暴跌幅度那麼大。同時預期心理因素對消費者物價的影響有限，而且股價變動所呈現的「追高殺低」的行為在消費者物價變動中卻見不到。

五、股價與泡沫

股票是一種流動性資產（liquid asset）。持有一個公司的股票，不僅希望定期獲得公司配給的股利，也希望在某一期間，它的價格會上漲。股利之大小及有無，取決於該公司的稅後利潤。如果這個公司不賺錢，稅後利潤可能為零，也可能為負值。至於預期價格，主要取決於股票的供需力量，如果需求殷切，股價就會上漲；如果需求萎靡，股價就會下跌。

預期價格是預期報酬最重要的決定因素，理論上股票的預期價值係來自投資者對它的預期報酬之看法。譬如，投資者在股市買進某一股票，它對該股票的預期報酬率必然會與風險性相同的其他資產報酬率相當。若該股票的預期報酬相對下滑，投資者就會拋售該股票，結果造成該股票價格的下跌；若該股票的預期報酬相對上升，投資者就會買進該股票，結果造成該股票價格的上升。當所有具相同風險性的資產之預期報酬率皆相等時，便會產生均衡的資產價格。

(一)預期報酬率

預期報酬率(ER)是投資者想掌握的一個因素，但是決定這個因素，主要的為：期末價格(EP)，預期股利(EF)和期初價格(P)。在這三個因素中，期初價格是確定的，其他兩個因素是未確定的，而且機遇性頗高，我們可將其寫成下式：

$$ER_{t+1} = \frac{EF_{t+1} + EP_{t+1} - P_t}{P_t} \quad\text{.........................} (2\text{-}5)$$

我們將式(2-5)轉換成下列式：

$$ER_{t+1} = \frac{EF_{t+1} + EP_{t+1}}{P_t} - \frac{P_t}{P_t} = \frac{EF_{t+1} + EP_{t+1}}{P_t} - 1$$

或者

$$\frac{EF_{t+1} + EP_{t+1}}{P_t} = 1 + ER_{t+1}$$

亦即

$$P_t = \frac{EF_{t+1} + EP_{t+1}}{1 + ER_{t+1}} \quad\text{.........................} (2\text{-}6)$$

在均衡時的報酬率即為所需的折現率(DR)(required discount rate)，則式(2-6)可變為：

$$P_t = \frac{EF_{t+1} + EP_{t+1}}{1 + DR_{t+1}} \quad\text{.........................} (2\text{-}7)$$

(二)當期股價

由式(2-6)可知：當期股價取決於期末預期股價和預期股利之和，除以(1+折現率)，也就是說，當期股價含有投機套利的機會。未來是個不確定的因素，它包含(1)基本經濟情勢之好或壞，這不是個別廠商能夠掌握或影響的，(2)消息面，即利多或利空的非經濟因素，對於這個因素的認知並非都是理性的，譬如1990年波斯灣戰爭激烈時，傳說伊拉克總統海珊要媾和，於是台北市的股價便上漲；要繼續再戰，股價就下跌。彼此之間真找不出有任何關係，可是此謠言就可左右股價的力量。寧非奇事？

(三)股票的基要價值

股票的基要價值可表示為：

$$BP_t = \frac{EF_{t+1}}{DR_t - \dot{EF}_{t-1}} \quad \cdots\cdots\cdots\cdots\cdots\cdots\cdots\cdots\cdots\cdots\cdots\cdots (2\text{-}8)$$

式中BP_t為股票的基要價值，也就是廠商存活期間，預期股利的折現值，EF_{t-1}為預期股利，$\dot{EF}_{t-1}$為股利預期成長率，DR_t為折現率。式(2-8)告訴我們：股票的基要價值與預期股利成正的關係，與折現率和股利預期成長率之差呈負的關係。例如投資者預料每股期末獲利為0.6元，股利預期成長率為0.06，在折現率為0.08的情況下，該股票的基要價值為30元，即

$$\frac{0.6}{0.08-0.06} = 30$$

若預期股利成長率爲0.07，則基要價值爲60元，即

$$\frac{0.6}{0.08-0.07} = 60$$

若其他情況不變，股利預期成長率提高1個百分點，基要價值
就增加100%。另種特殊情況，即股利預期成長率接近折現率
時，基要價值近乎無限大，也就是狂飆現象。如果股利預期成
長率較折現率爲小時，基要價值就很小，也就是崩盤現象。

(四)股票實際價值與基要價值

在實際經濟社會，有時股票的實際價格會偏離其基要價
值。換言之，股票實際價格除受市場基要因素決定外，也會受
到基要以外的心理因素影響。而且在很多情況，心理因素成爲
暴漲暴跌的關鍵因素。在文獻上，至少有三種不同的理論來解
釋股票實際價格[5]：

1.具效率市場之臆設(efficient market hypothesis)

股票市場是個具效率的市場，即能迅速將有關資訊充分的
反應在股價上。通常，投資者無法依據社會大眾可利用的資訊
去賺取超額經濟利潤。換言之，股價受股市無揭露的資訊之好
與壞所影響。由於資訊之好壞具隨機性(random)，股價亦跟隨

---

5 參見Santoni的1987年文。

著所揭露的具隨機性之利多或利空資訊,而呈隨機漫步式
(random walk)的漲跌走勢。因此,在具效率的市場臆設之下,
過去股價的變動對未來預期股價的走勢,似乎是一項沒有價值
的資訊。但在實務上,投資者即使利用資訊來預測未來股價,
但不確定的因素仍然存在。不過,投資者通常是根據市場心理
反應來推敲合理股價,這是導致股票實際價格偏離市場基要價
值的主要原因。

2.大傻瓜理論(Greater fool theory)

大傻瓜理論所陳述的,為自行餵養的投機性泡沫(self-
feeding speculative bubbles)。根據該理論,投資者根本不在乎
基要部分。投資者購入股票乃是因為他相信未來會有更傻的
人,以更高的價格,買他所持有的股票。投資者之抱有這項信
念,乃是因為他們認為市價會上漲,而利潤會到手。一旦這種
投資行為產生,股票價格就會愈盤愈高。

3.理性泡沫理論(The theory of rational bubbles)

該理論認為股票實際價格,除反應市場基要價值外,也包
含理性泡沫在內。理性泡沫至少具有下列三種特徵:

(1)泡沫須具有持續性:僅依據基要因素對股價作預測是偏誤
   的。該項預測誤差的平均值不為零,且具有正值的傾向,
   呈現出單邊誤差(one-sided errors)的持續性。

(2)泡沫須具有爆發性的膨脹:投資者購買含有泡沫成份的股
   票,由於泡沫會破滅,故對持有者的風險貼水須加以補償。
   基於這種特性的存在,股票會愈來愈偏離市場基要價值,

並隨時間呈遞增的走勢。

(3)泡沫不可能是負值：關於泡沫不可能是負的，我們可用理性泡沫理論說明。茲引用山多尼（Santoni）所舉的例子[6]。

表2-1 基要價值與泡沫

情況1. 股利預期成長率為零						
期別	$E(D_{t+1})$	P_t	$B_t=(1+r)B_0$	$\mathbf{P_t}=P_t+B_t$	%△P_t	%△$\mathbf{P_t}$
0	$ 2.00	$ 20.00	$ 1.00	$ 21.00		
1	2.00	20.00	1.10	21.10	0.48	0.0
2	2.00	20.00	1.21	21.21	0.52	0.0
3	2.00	20.00	1.33	21.33	0.57	0.0
4	2.00	20.00	1.46	21.46	0.61	0.0
5	2.00	20.00	1.61	21.61	0.70	0.0
情況2. 股利預期成長率為2%						
0	2.00	25.00	1.00	26.00		
1	2.04	25.50	1.10	26.60	2.31	2.00
2	2.08	26.01	1.21	27.22	2.33	2.00
3	2.12	26.53	1.33	27.86	2.35	2.00
4	2.17	27.06	1.46	28.52	2.37	2.00
5	2.21	27.60	1.61	29.21	2.42	2.00

式中：$E(D_{t+1})$為次期預期股利，P_t為 t 期基礎價格，B_t為 t 期泡沫與B_0為始期泡沫，r為所需折現率，$\mathbf{P_t}$為 t 期觀察價格，g為股利預期成長率，$\mathbf{P_t}=P_t+B_t=E(D_{t+1})/(r-g)+B_t$。

設所需折現率為10%，股利在零期之預期值為2元，分兩種情況來說明：第一種股利的預期成長為0%，第二種股利的預期成長為2%。泡沫在零期產生，金額為1元，其膨脹以所需

---

6 參見Santoni的1987年文。

折現率成長，$B_t = (1+r)B_0$，我們可按式(2-9)分別計算股票的市場基要價格與實際價格(市場基要價值加泡沫，$P_t = P_t + B_t$)。

在「情況1」，由於股利預期成長率為零，因而在預期股利2元的情況下，股票市場基要價值每期皆為20元，泡沫從零期產生1元，到第五期膨脹到1.61元，我們將每期的基要價值與泡沫加總，便得股票的實際價格，價格從零期的21元持續增加到第五期的21.61元，實際價格的成長率呈遞增型態，由0.42%變為0.70%。股價的成長不是隨機漫步，而是前後期正的自我相關。在「情況2」，股利預期成長率為2%的假定情況下，股票市場基要價值每期都成長，由零期25元的價值，到第五期時有27.6元的價值。雖然泡沫擴張情況與「情況1」相同，但實際股價的成長卻包括基要價值增長的部分。

六、泡沫的種類

在經濟學或財務管理上，資產實際價格偏離基要價值的部分，皆稱為泡沫現象，即

資產實際價格 ≠ 基要價值

在資產價格上漲時，

資產實際價格 > 基要價值

在資產價格下跌時，

資產實際價格 < 基要價值

決定資產實際價格的重要因素為預期心理。樂觀的預期會造成

資產價格的上漲;悲觀的預期會造成資產價格之下跌。

　　自1980年代以來,由於資產價格,尤其是股價的過度變動已超過基要價值,此超出的部分,即泡沫現象,許多經濟學者及財務專家乃陸續提出泡沫理論,來解釋「偏離」部分,於是各種泡沫理論次第出現。有所謂確定性泡沫和機遇性泡沫,而確定性泡沫被視為一種特例。Hamilton(1986)將理性投機泡沫分為三種,即確定型泡沫(deterministic bubble),崩潰型泡沫(collapsing bubble)與連續再生型泡沫(continuously regenerating bubble)。Blanchard與Fisher(1989)將泡沫型亦分為三種,即永恆擴張性泡沫(ever-expanding bubble),爆炸性泡沫(bursting bubble)和消滅性泡沫(eliminating bubble)[7]。這些不同型態的泡沫之所以會發生,主要因為對機遇泡沫給予不同設定而產生的。從性質上,所有機遇性泡沫都可稱為外來泡沫(extrinsic bubble)。換言之,造成泡沫的因素不是來自市場的基要部分,而是來自體外變數(extraneous variables)驅動了泡沫的動態。相對外來泡沫,Froot和Obstfeld在1991年提出本身泡沫(intrinsic bubble)。此種泡沫的動態,完全由於基要因素之變動而來。

投資於泡沫資產之理由

　　基本上,泡沫經濟是不確定的。資產價格所含有的泡沫成分遲早會破滅。既然資產價格具有這種特性,為什麼投資人願

7　參見Hamilton的1986年文與Blanchard and Fisher的1989年文。

意持有它？在文獻上至少有三種不同的說法：

(1)投資人可利用投資組合方式的保險策略，或期貨市場的避險方式，規避風險。投資人認為投資組合不會因股價暴跌而一蹶不振，因為投資組合的風險，通常會被報酬與損失的平均數額而被分散了。

(2)投資人並非全是理性的，它有很多的非理性存在。非理性投資人認為股市是一條通往快速累積財富的捷徑，因而喜歡將資金投入含泡沫成分的股票。

(3)理性的投資人投資於含有泡沫的股票，其目的在於可利用所獲得的額外報酬足以補償其承擔的風險。

除此，也有不少理性投資人認為在股價跌入谷底時，它會再翻起，於是進場買進股票；當股價飆漲到某一高度時，認為繼續上漲的理由已不存在，於是趕緊將持有的股票脫手，然後觀察一段時間，再作決定。

總之，泡沫不同於一般景氣循環，它發生在具交易性的資產，而且與投機行為密切相關。儘管泡沫現象是種風險很大的經濟現象，然基於人心之好奇與冒險，更切實地說，是為了一夜致富，人們並不因泡沫之必然破滅而拒絕投入泡沫活動的行列。

第三章
世界上著名的泡沫經濟

　　世界上發生的大小泡沫經濟很多[1]。有的影響範圍很大，而持續較長，有的波及範圍較小，持續較短。凡波動幅度大，而影響較深遠的泡沫經濟，始受較多的注意，據摩根史坦利研究中心的研究[2]，根據記載，選出歷史上三大著名泡沫經濟。同時也簡介二十世紀世界上發生的重要泡沫經濟。

1　以美國而言，它所發生的泡沫經濟就很多，即以20世紀而言，有1901年北太平洋鐵路股票之囤積居奇崩潰，1920年舒茲汽車公司股票之囤積居奇崩潰，1928年美國無線電公司股票之囤積居奇崩潰，1969年9月24日黑色星期五黃金囤積居奇崩潰，1977年美國黃金市場之崩盤，1979~80年美國白銀市場之崩盤，1981~82年錫市場崩盤，1984~85年錫市場崩盤，1986年政府公債市場崩盤，1987年10月黑色星期一股市崩盤。

2　關於18世紀以前的世界上三大著名泡沫，係參考Peter M. Garber的兩篇論文，即"Famous First Bubbles"，刊於1990年春季 *Journal of Economic Perspectives*，和"Tulipmania"，刊於1989年的 *Journal of Political Economy*。

一、荷蘭鬱金香狂熱

　　這是歷史上有詳細記載的第一個泡沫經濟。它發生在1634~37年。16世紀中期，鬱金香由土耳其傳入歐洲，而荷蘭變爲鬱金香新品種的培育與研發中心。專業種植者與愛好者建立了稀有品種交易市場。在此市場，稀有品種球莖的售價奇高，像Semper Augustus，在1625年每株球莖售價爲2,000基爾德（guilder），約等於40盎司的黃金價值。直到1634年，鬱金香球莖市場才有非專業的買賣與投機客參與。由於法國人對球莖需求大量增加，乃有投機泡沫現象發生。多頭市場持續36個月，漲幅有59倍；空頭市場持續10個月，價格從高峰至谷底，跌幅93%。

　　當時，法國婦女喜歡將新鮮的鬱金香別在禮服上端，成爲時尚，而有錢的男士也競相將最奇異的鬱金香獻給愛慕的女士，於是增加了對稀有品種的需求。據說，在投機旺盛時期，一朵特異品種的鬱金香在巴黎的售價高達1000基爾德。

　　鬱金香品種很多，在交易上，可分兩類：一類係稀有品種，它爲疋頭（piece goods），如Semper Augustus，Gouda等，交易時，以棵爲單位。另一類爲普通品種，爲磅貨（pound goods），如Switsers，White Crooneu等，交易時，以重量計價，單位爲埃司（aas），每埃司等於1/20克（gram）。通常，用棵衡量的鬱金香之價格爲以埃司衡量的數倍。1636年鬱金香價格的暴漲吸引

了投機客，由於他們的推波助瀾，更使鬱金香價格飆漲。其間以1636年12月~1637年1月爲最強烈。1637年2月5日到達高峰後，其價格開始狂跌。即以稀有品種Gauda而言，它的價格穩定地上漲到1636年11月25日，爲6~7基爾德，之後，在1636年11月25日~1637年2月5日，曾有三次像雲霄飛車之上下衝刺，漲跌幅都在100%以上。像在1636年12月9日，其價格跌至1至2基爾德的谷底，然後又迅速爬升，到12日直衝至11基爾德，漲幅達1000%，然後又滑落到1637年1月2日的5基爾德，跌幅在100%以上，在狂飆時，最高價格衝到14~15基爾德水準。再以普通品種而言，其價格之飆漲更加厲害。1636年10月起也感染到飆漲的現象，而且飆漲程度比稀有品種更加嚴重。1636年11月，荷蘭的低層社會人民開始以普通品種的球莖作投機之物，在不少市區酒店，炒作的資金以行費（wine money）爲主，到次年1月，由於炒作，普通品種的鬱金香漲到25倍還有餘。茲以Switsers球莖爲例，1637年1月上旬的價格不超過1基爾德，到月底便漲到14基爾德左右，到2月5日漲到30基爾德的最高水準。從1月初至2月5日短短三十多天，其漲幅已超過29倍。

　　鬱金香狂熱爲歷史上有詳細記載的主要投機事件。炒作使價格飆漲，而炒作的資金來自行費，故無法保持鬱金香的高價。高價暴跌之後，鬱金香市場便失去誘惑力。鬱金香狂熱可視爲歷史上首件記載詳實的投機泡沫，故可將「鬱金香狂熱」視作泡沫的代名詞。

表3-1 鬱金香價格漲跌表

單位：基爾德

球莖品種	1637年 1月2日	1637年 2月5日	上漲倍數 （倍）	1722年	跌落倍數 （倍）
Admirael de Man	18	209	10.61	…	…
Gheele Croonen	0.41	20.5	49	…	…
White Croonen	2.2	57	24.9	…	…
Gheele ende Roote Van leyden	17.5	136.5	6.8	0.1	1364
Switsers	1	30	29	0.05	599
Semper Augustus	2,000[1]	6,290	2.1	…	2994

…無資料
[1] 表1625年7月1日價格
資料來源：Peter M. Garber, "Tulipmania", *Journal of Political Economy*, 1989,
　　　　p.552.

二、法國密西西比股票泡沫

　　密西西比股票泡沫發生在法國，期間爲1719~21年，多頭市場持續13個月，股價由500里耳（livres）漲到10,000里耳的高峰，漲幅爲20倍，旋即滑落，到1721年9月，跌幅爲95%，空頭市場持續期間亦有13個月。

　　此泡沫經濟之發生，需追溯到法國路易十四因戰爭而破產。約翰洛（John Law）於1715年說服攝政者（The Regent）允許他設立可發行鈔票的銀行，名爲大眾銀行（Bangue Generale），1717年8月，他組織西方公司（Compagnie d'occident），而該公司與路

易斯安那（Louisiana）經營壟斷貿易。該公司為增加其商業活動，於1718年9月獲得菸草的壟斷。1718年11月取得塞內加爾（Senegalese）公司，由該公司與非洲進行貿易。

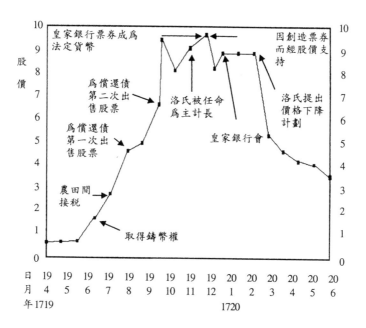

圖3-1 印度公司股票價格（1719~20）

　　1719年1月大眾銀行改名為皇家銀行（Banque Royale），仍由約翰洛掌管，5月他獲得東印度公司與中國公司的經營權，將之合併後，改名為印度公司（Compagnie des Indes），經營歐洲以外的壟斷生意。同年7月25日，該公司為購買鑄造新鑄幣

的權利，需支付5億里耳。為了融通此項支出，該公司發行每股1,000里耳價值的股票5萬股，以應需要。購買者需持有以前購買5股為條件，於是股價上漲到1,800里耳。1719年8月該公司每年以5,200萬里耳取得徵收間接稅的權利，到10月，又接管直接稅的徵收，此時印度公司的股票價格上漲到3,000里耳。

後來，約翰洛決定由印度公司來償還大部分的國債，總額為15億里耳，為融通這筆債務，他分別在1719年9月12日，28日及10月2日，各出售每股5,000里耳價值的股票10萬股。取得這項國債便是一項巨額的信用基金，也是一項具穩定性的所得流量。同時藉此手法，該公司每年可減少3%的利息支付。到1719年11月股價上漲到最高點10,000里耳。

1720年1月，約翰洛爬到最高的權力。他被任命為主計長（Controller General）及督察長（Superintendent General），掌管政府的財政，皇家銀行的貨幣創造，同時亦控制法國海外貿易與殖民地發展的私人公司之主管，負責法國賦稅的徵收，硬幣的鑄造，國債的持有，可說集財務大權於一身。在當時，沒有任何來自政府或財政上的障礙可影響印度公司所選擇的商業計畫，即由皇家銀行發行鈔票，而該公司發行股票。每次當政府認可股票擴張亦同時伴隨鈔票的發行。例如1719年7月25日該公司發行2.4億的股票，9月與10月皇家銀行亦伴隨2.4億鈔票的發行，到1720年2月22日，印度公司接管皇家銀行的經營權。

1720年1月底，為了多增加資本利得，以便轉換為黃金，股價開始跌落到10,000里耳以下。同年3月5日，採取股價釘在

9,000里耳的策略，皇家銀行介入股票交換，直到1720年5月21日為止。其間法幣（legal tender note）分別於3月25日擴張3億，4月5日擴張3.9億，5月1日擴張4.38億。約一個月時間，銀行法幣流通就增加一倍。由於貨幣供給倍增，而約翰洛又採取貶值措施，便加速貨幣的擴張，通貨膨脹便接踵而來。從1719年8月到1720年9月，月平均通貨膨脹率為4%，尖峰發生在1720年1月，膨脹率為23%

　　約翰洛認為股價釘在9,000里耳的價位太高，便於1720年5月21日採取貶值政策，計畫到12月1日分七個階段將股價從9,000里耳降為5,000里耳，可是股價到1720年9月便跌到2,000里耳，到12月2日跌到1,000里耳，1721年9月再跌到500里耳，接近1719年5月的價位。

　　密西西比股票泡沫之發生與約翰洛密切相關。印度公司股價上漲的背後，乃是約翰洛想實施經由財務創新（financial innovation）與財政改革（fiscal reform），恢復法國經濟元氣的偉大計畫。股價滑落的主要原因，乃公司股票發行與銀行鈔票發行的密切結合之結果。換言之，貨幣供給的大量增加助長了股價狂飆，而貨幣貶值，又使股市崩盤。約翰洛的政治地位，也像股價之暴起暴落一樣，何況更有對手要使印度公司瓦解呢！

三、英國南海股票泡沫

　　南海公司股票泡沫之實質內涵及運作方式與密西西比泡沫

不但類似，而且相連。該泡沫發生在1720年的英國。多頭市場持續18個月，股價由100英鎊漲至1,000英鎊的高峰；空頭市場持續6個月，股價由高峰跌至起點，跌幅為84%。南海公司於1720年1月，對英國政府債，效法約翰洛對法國政府債再融通的經濟計畫，然而運作的規模不及約翰洛的計畫，因為沒有像印度公司有那麼多的特權。1720年英國國債接近5000萬英鎊，其中1830萬英鎊由最大三家公司持有，即英國銀行為340萬英鎊，南印度公司為320萬英鎊，與南海公司的1170萬英鎊。由此可見南海公司為英國國債最大的債權人，這也是南海公司最大的資產。

經由與英國銀行的競價，英國國會於1720年3月21日同意南海公司的債是國債的計畫。為了取得這項權利，南海公司同意支付給政府750萬英鎊作為管理非該公司持有的3100萬英鎊的代價。為了融通債務的需要，允許南海公司可擴張其股票數量，發行的股票每股面額100英鎊。事實上，1720年1月南海公司的股價已接近120英鎊，當國會在3月21日通過南海公司償還債務的法案時，股價便從200英鎊，以跳躍式漲到300英鎊。

為了取得現金，南海公司分於1720年4月14日與4月29日提供股票認購預約。第一次發行22,500股，每股股價為300英鎊，認購者立即支付股價1/5的現金。第二次發行15,000股，每股股價為400英鎊，認購者立即支付股價1/10的現金。接著南海公司進行債務轉換工作，將不贖回年金轉換成南海公司股票。為了確定轉換的股票數，南海公司宣布預約期從4月28日~5月19日。

結果有64%的長期年金與52%的短期年金願意轉換。這一措施之成功又使股價上漲到700英鎊。

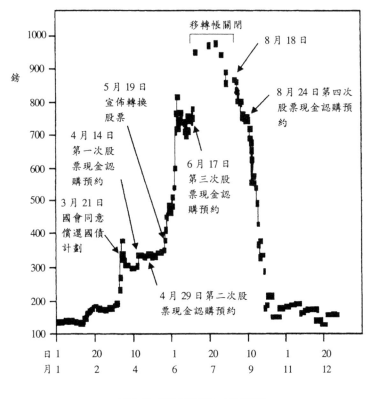

圖3-2 南海股市（1720）

為了要有足夠的現金，以應付有權勢的股東（包括國會議員，政府官員與公司同仁等），南海公司於1720年6月17日進行

第三次股票的現金認購，每股價格為1,000英鎊，共發行5萬股，認購者需付1/10的現金。於是，股價又從745英鎊跳到950英鎊。最近一次現金認購預約在8月24日,南海公司仍以相同股價1,000英鎊發行1.25萬股，現金交款的比例亦訂在1/10。

　　由於南海公司股價竄升的成功,引發一股泡沫公司的興起。為了禁止沒有取得經營許可的公司之蔓延，以及對南海公司所形成的競爭,英國國會乃於1720年6月通過泡沫法案,並於8月18日執行。於是受影響的泡沫公司遭到壓制,在成本邊緣的股票持有者當然會立即將股票出售,結果打擊了全部公司,而造成流動性資產危機,南海公司亦不例外。此時法國的印度公司股價亦在崩潰之中，益使英國股價雪上加霜。南海公司股價遂由1720年8月31日的775英鎊左右,跌落到10月1日的290英鎊左右,一個月的跌幅為63%。而南海公司的市價,也從1億6400萬英鎊跌為6100萬英鎊,跌幅為1.69倍,能不使南海公司瀕於破產邊緣?

　　以上這三個泡沫經濟分別發生在17世紀前半期及18世紀初期,它們的共同點是:(1)漲的速度快,跌的速度更快,(2)鬱金香狂熱所需資金為行費,行費供應畢竟有限,故暴漲後,即暴跌;但密西西比泡沫與南海泡沫的共同點是:發行股票享特權,而貨幣供給大幅增加是導因,均與公司獲利無關,(3)三種泡沫都會有投機性質與社會大眾的不理性行為。

　　到了20世紀,也發生了不少泡沫經濟,最有名的1921~32年美國股市泡沫的崩盤而造成經濟大恐慌,1987年美國黑色星

期一股市崩盤,1978~81年墨西哥股市泡沫及1995年墨西哥金融危機,1990年日本的泡沫經濟及台灣的泡沫經濟。在此,我們敘述一下美國的股市泡沫和日本的股市崩潰。

四、美國股市泡沫

美國股市崩盤分兩部分來說明,一為1921~32年經濟大恐慌時之股市崩盤,一為1987年黑色星期一股市崩盤。

(一)1921~32年經濟大恐慌

美國股市在1920年代的大部分期間,是處在大多頭的格局,股價一路穩定地漲升到1929年的360點左右(參見圖3-3),而後開始反轉。到1929年11月中時,股價曾到185點附近,三個月不到的時間,股價便足足跌了一半以上,其中1929年10月28日的跌幅為12.8%,29日為11.73%,11月6日為9.92%,這三日跌幅的加總超過30%。(參見圖3-4)

伴隨股價的狂瀉,經濟走入大恐慌,其嚴重性為1932年的美國工業生產約等於1929年的半數,失業率由1921~29年的7.9%上升到1930~38年的26.1%,這使美國通過社會安全法案與失業保險法案。

1930年代的經濟大恐慌,大致上可以說,是為決策者堅守國際黃金準備的理念,當國際收支出現赤字之時,而以通貨緊縮(deflation)替代貶值(devaluation)進行調整,所造成的衝擊後

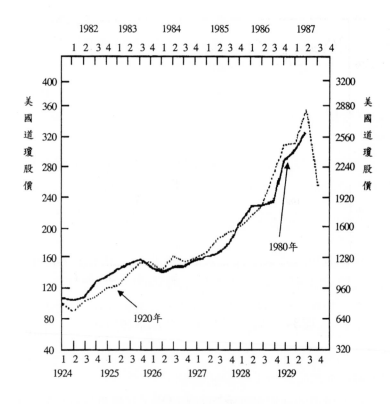

圖3-3 美國道瓊股價

果[3]。單就股市而言，這股衝擊所帶來的利率變動與預期，從資本資產價值論點，反應在股市上卻造成崩盤的後果，私人的總財富因而減少將近10%。

---

3 參見Temin的1990年文。

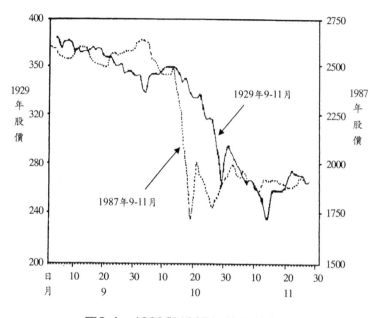

圖3-4　1929與1987年美國道瓊股價

（二）1987年黑色星期一

　　紐約股市是世界最具影響力的股市，紐約股市行情與世界上三大都市，蘇黎世、倫敦和東京的股市息息相關，甚至對台灣股市也產生了相當程度的影響。

　　其實，在1987年10月股市崩盤前，美國股市已走了多年的多頭，其情形與1929年股市崩盤前的走勢類似。（參見圖3-3)1987年1月初，紐約道瓊指數為1927.31點，到8月25日達到最高點，為2,722.42點，漲幅為年初的41.25%。之後，一直到10

月，股價大致上在2700~2500之間游走，10月2日時爲2640.99點，
而後就呈下跌局面。在崩盤前一個交易日股價指數爲2246.74
點，股價已經跌了394.25點，跌幅也有14.93%。然而19日的崩
盤（指數爲1738.74）下跌508點，跌幅爲22.61%，使得年初以來
全部上漲的點數都不足以折回，直到年底股價仍未超過2000點
（詳如圖3-5所示）。這是次可怕的狂跌，因其發生在星期一，

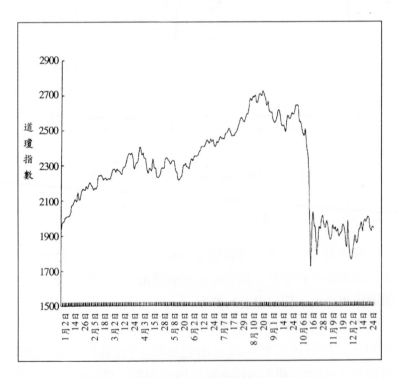

圖3-5　1987年美國道瓊指數日收盤價

故稱其爲黑色星期一。其股價下跌的猛烈，異於1929年的崩盤。
（詳如圖3-4所示）

　　美國黑色星期一股市的大崩盤，其影響所及造成國際股市
的大震盪。例如：蘇黎世的瑞士信用銀行股價指數由10月16日
的629.5點跌到19日的558.2點(中間兩日休市)，跌幅爲11.32%。
倫敦的金融時報工業指數由15日的1812.9點跌到19日的1629.2
點，跌幅爲10.13%(中間的日子爲休市)。因股市開市時間不同，
對亞洲股市的波及卻是第二天的事，香港恆生指數由19日的
3362.39點下跌到26日的2241.69點(其間共有六天的休市)，共
跌1120.7點，跌幅爲33.33%，大於美國股市的跌幅。東京日經
指數16日的收盤股價爲26,366.74點，市場經二日的休市後，19
日的股價爲25,746.56點，跌幅爲2.35%，顯然未受美國股市的
波及，那是因爲日本股市交易結束時當天的美國紐約股市仍未
開市。然而20日就不同了，其收盤時的股價爲21,910.08點，較
19日下跌3836.48點，跌幅爲14.9%，由此可見日本股市，深受
美國黑色星期一的影響。

　　相對於美國股價的走勢，台灣在1987年上半年情形與美國
類似，從年初開紅盤後，台股指數爲1063.13點，到10月1日時，
指數達到年度內的最高點，爲4673.14點，漲幅爲439.56%，之
後，卻呈現一路的跌盤，到年底時指數爲2,339.26點，跌幅爲
49.93%。美國10月19日黑色星期一對台灣股市的影響，因時差
關係應在20日反應出，股價由19日的3665.93點跌到20日的
3492.94點，跌幅僅有4.72%，其幅度遠小於美國。台灣受到波

及的程度較輕,不是因台股指數對國際行情的反應不夠敏感,而是因政府在證券市場交易上有漲跌幅的限制。到10月以後,台灣股價走勢便與美國不同了。

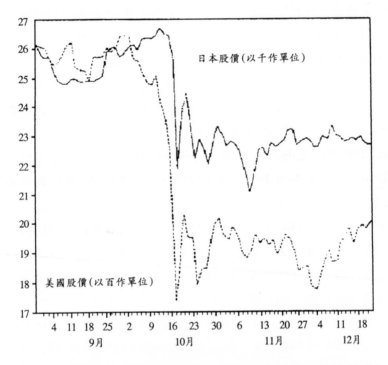

圖3-6 美國和日本股價變動情形（1987年9月1日~12月23日）

　　造成1987年10月黑色星期一美國紐約股市大崩盤的原因,有人認為係因美國巨額貿易逆差與財政赤字所致,然而Shiller從投資者的態度與行為進行訪問調查,發現有64%的投資者認

爲以投資者的心理理論對股價的崩盤能有較好的描述，無論如何，有36%的投資者認爲以股價市場基要條件，如利潤或利率等之理論對股價的下跌有較好的說明[4]。有84.3%的投資者在崩盤前就感覺到股票市價高過其基要價值太多。

五、日本的泡沫經濟

有人認爲：日本也許有爲世人羨慕的一流經濟，卻有二流的金融制度。就因爲它有二流的金融制度，當股市崩盤，泡沫經濟發生時，它的嚴重性遠較美國爲重。在1980年代的下半期，日本發生了1987年10月20日股價狂跌和1990年的東京股市崩盤。

在1980年代的下半期，日本步入本世紀最大的金融狂熱，日本的商社敢向美國的大企業挑戰，不但購併了許多美國的銀行、大製片廠、高級旅館，而且也買下洛克斐勒的宏偉建築，於是日本人認爲：二次大戰時，日本不能以軍事征服美國，可是五十年後，卻有經濟力量買下美國，其氣勢之狂可以想見。

以1987年而言，1月初東京日經指數爲20,000點，到10月16日的收盤股價爲26,366.74點，19日的收盤股價爲25,746.56點，下跌幅度不大，僅2.35%，但20日收盤股價卻跌至21,910.08點，較16日下跌20.43%。到1989年10月，日經指數開始大幅攀升，

4　參見Shiller的1987年文與Shiller, Kon-Ya and Tsutsui的1991年文。

到12月漲到38,916點後，便向下滑落。1990年10月東京日經指
數較1989年12月38,916點（漲到最高點）暴跌48%。比1987年美
國道瓊工業指數下降36%更嚴重。問題是：紐約股市交易會馬
上捲土重來，東京股市卻缺乏這種力量。

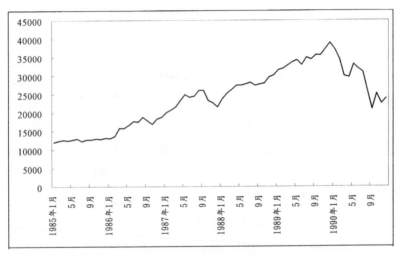

圖3-7 日本日經指數

　　日本泡沫經濟之破滅已為日本破除了三個迷思：一為日本
股價永遠是上漲的；一為日本地價不會下降，第三個迷思是：
日本的經濟成長不會動搖。東京股市於1990年崩盤，對日本人
的國家集體自信是種痛苦的震驚，因為它不可避免地減少了日
本經濟成長的能量。日本經濟自1992~95年陷於低迷狀態，甚
至有負成長出現，不能不說是日本金融制度落後，及1980年代

在世界各地過量投資房地產所造成的後果。日本人盡量使自己相信泡沫經濟與真實經濟是分立的，而且無損於真實經濟的存在，上面的事實卻證明其為一幻覺[5]。

六、墨西哥的泡沫經濟

　　毗連美國的墨西哥，在石油危機發生後，曾因石油收入增多，經濟成長快，成為中南美洲開發中國家最受注目的一個國家。可是由於外債累積過高，於1978~81年便發生金融危機。在此期間，多頭市場漲幅高達785%，持續達30個月，由高峰至谷地之跌幅達73%，其空頭市場持續18個月。在當時，並未引起世人之注意。自債務危機後，墨西哥政府進行一連串之經濟政策，確曾使其經濟有了新的面目。可是到了1995年，也就是加入北美自由貿易協定後的第二年春，墨西哥卻爆發了震驚世界的金融危機。

　　自1989年開始，國際資本持續流入墨西哥，從該年的3,176百萬美元增加到1993年的30,882百萬美元；同期間，墨西哥的外債，由4,346百萬元增加到34,962百萬美元。到1994年墨西哥資本帳大幅縮水，亦即外資流入減少，外人投資由1993年的33,332百萬美元降為1994年的15,794百萬美元，其中以證券投資減幅為最大。1994年12月16日墨西哥國際準備僅剩112億美

---

5 參見Wood的1992年文。

元。墨西哥政府有鑒於此,乃於12月20日宣布披索(Peso)對美元大幅貶值,此一政策之轉變,使外資信心大受影響,於是不斷匯出資金,以減少匯兌損失。墨西哥政府乃於12月22日改採浮動匯率制度。

墨西哥金融危機發生於1995年初春,在這之前,對外貿易經常帳多年來一直處於逆差局面,而且逆差愈來愈大,國際準備又大幅減少,外債餘額的累積愈來愈多,同時政局也不安定。處在這種情況下,原投資於證券的外資,紛紛撤資避險,這一行動不但使墨西哥萎靡之股市更加不振,而且使披索對美元匯率更加貶值,即由1994年12月20日之3.46:1貶為1995年3月15日之6.95:1,貶幅高達50%;墨西哥股價則由2,231.11點降為1,610.86點,跌幅為27.8%。墨西哥金融危機導致1995年經濟成長率下降2%,通貨膨脹率上升40%及失業率之大幅增加。由於披索之大幅貶值,大大影響美國與加拿大對墨西哥之出口,尤其鄰近墨西哥的德州,亞歷桑納州,及加州所受之衝擊尤大。為了解救墨西哥金融危機,美國和加拿大不得不大量貸款給墨西哥,免遭殃及池魚,同時國際貨幣基金也伸出援手,始將墨國金融局面穩定下來。

墨西哥的金融危機,可說是源於對外貿易逆差過大,外債過高,而披索幣值又因訂住美元高估而後大幅貶值,再加上金融市場不健全,外資投入證券的比例過大,乃產生披索貶值與股價暴跌,相互衝擊對墨西哥經濟造成不利效果。

至於台灣泡沫經濟之起落,我們將在討論台灣泡沫經濟之

形成時，作詳細之分析。

表3-2 世界上著名的泡沫經濟

	發生地區	期間	多頭市場漲幅	多頭市場持續期間（月）	高峰至谷底之跌幅	空頭市場持續期間（月）
鬱金香狂熱	荷蘭	1634~37	5900%	36	93%	10
密西西比股票	法國	1719~21	2000%	13	95%	13
南海股票	英國	1720	1000%	8	84%	6
紐約股市	美國	1921~32	497%	95	87%	33
墨西哥股市	墨西哥	1978~81	785%	30	73%	18
香港股市	香港	1970~74	1200%	28	92%	20
台灣股市	台灣	1986~90	1168%	40	80%	12
日本股市	日本	1965~	3720%	288		

資料來源：Morgam Stanley Research, 見林筠的民國81年文。

第四章

台灣泡沫經濟研究之回顧

　　1980年代以前，在台灣，由於股市不夠發達，而很多資產也無大漲大跌的現象，很少人有觸及泡沫經濟之研究。1980年代以來，台灣股市規模增大，交易量也每日高達千億元，而且股價也有了暴漲暴跌現象，始引起國內少數經濟學者及財金專家研究的興趣。他們研究的主題主要為股價的變動，至於房地產價格之變動，從事學術性研究的文獻更是鳳毛麟角，並不多見。

　　關於台灣股價變動問題之研究文獻，可按研究性質，分為三類：(1)研究台灣股價是否存有泡沫現象，(2)研究影響台灣股價的因素，和(3)研究國內股價與國際股價關聯性。茲作扼要之說明，藉以作為本書之註解。

一、台灣股價泡沫現象之驗證

　　台灣股價是否有投機泡沫的特質？這是很多人質疑的問

題。就現有的文獻中，由於學者之間採用的觀察時間長短不同，所用檢定方法亦各異，致使研究結果存有某些程度上的差異。大體說來，它們比較偏向台灣股價有投機泡沫特質之議論。

國內學者張麗蕙採用Diba與Grossman（1988）對投機泡沫的檢定方法，檢定台灣股價於1973~88年間是否存有投機泡沫，並按六大產業分類進行之[1]。實證結果顯示：台灣股價可能存有投機泡沫的特質，因爲股價的分類指數與每股稅前盈餘並無密切的關聯性。林筠亦採用Diba與Grossman的檢定方法，利用的觀察期間涵蓋台灣股價暴漲暴跌的1980年代，即從1981~91年這段期間[2]。作者除了用共積模型（Co-integrating model）檢定外，亦利用自我相關函數與擴增的Dickey-Fuller迴歸檢定，而其檢定結果亦發現台灣股市確實存有投機泡沫的特質。也就是說，造成1980年代台灣股市劇幅波動的原因係來自投機泡沫。

由於投機泡沫貼水（bubble premium）具有正值而隨時間呈遞增趨勢之性質，故在探討台灣股價是否具有投機泡沫之特質時，也可從這個角度切入[3]。根據林筠，林筠與柯順雄的研究，台灣股價於1987年初至1990年2月的暴漲暴跌期間，泡沫貼水的值大部分是正值。同時也發現，在1987年1月到9月期間，泡

---

1 參見張麗蕙民國78年文。
2 參見林筠民國81年文。
3 所謂泡沫貼水，乃是投資人投資於含有泡沫成分的資產而需承擔泡沫破滅風險所需額外之補償。

沫貼水隨時間呈遞增現象，其他期間則無此種現象[4]。邱顯比認為這種現象也許與多重泡沫有關，而多重泡沫係指泡沫因各種不同行情之連續發生，如選舉行情，六年國建行情等[5]。

　　1991年謝淑惠採取West（1987）投機性泡沫的設定檢定方式，以1988~90年為研究期間，從上市公司中選取50家公司分別進行檢定，驗證結果有九家公司的股票存有泡沫現象[6]。同時邱顯比選擇四家封閉型基金（光華鴻運、建弘福元、中華成長與國際國民），以1989~90年為分析期間，其價格由折價而大幅溢價，再回歸折價的過程為研究標的。其結果顯示：確實證實該期間基金溢價行為與泡沫理論的預期大致相吻合[7]。這也說明了泡沫在破滅前，投資於泡沫股票之報酬率會顯著地高於市場基金的報酬率。

　　由以上各研究的發現，可以相信1980年代後期台灣股市曾發生泡沫現象。

二、台灣股價影響因素之分析

　　關於對股價變動的影響因素，文獻上大致有四種不同的股價決定理論：(1)傳統學說（conventional theory），(2)信心學說

4　參見林筠民國81年文，林筠與柯順雄民國83年文。

5　參見邱顯比民國80年文。

6　參見謝淑惠民國80年文。

7　參見邱顯比民國80年文。

（confidence theory），（3）隨機漫步學說（random walk theory）與（4）效率資本市場學說（efficient capital market theory）。儘管各學說的看法不一，但實際上股票價格之高低主要取決於供需。關於對股票供需影響的分析，又有基礎分析學派（fundamental analysis school）與技術分析學派（technical analysis school）之分。技術分析學派認為歷史會不斷重演，對股價的研究應歸納其軌跡，導出技術操作，並據以預測未來股價走勢，因此該學派較注重每日股價的線型分析。

基礎分析學派比較強調股票的內在價值（intrinsic value），而股價的波動雖受其他因素的影響，但最後還是要回到它的內在價值。事實上，股價的決定所受到的影響層面非常廣泛，諸如政治、經濟、金融、甚至內政與外交都包含在內。大致上，影響股價的因素可分為三類：（1）市場因素（market factor），其變數包括經濟成長、景氣循環、利率、貨幣供給量、輸出、物價等。（2）行業因素（industry factor），其變數包括行業生產的生命週期、行業景氣、行業的行政管制與輔導等措施。（3）公司因素（company factor），其變數包括公司的盈餘、股利政策、土地資產、董監事改選等。無論如何，市場因素被視為最重要的考量因素。過去經濟學者與財金專家多強調總體經濟變數對股價的影響，它包括貨幣供給量、利率、匯率等。茲作簡要之回顧。

（一）股價與貨幣供給量

依照貨幣數量學說，整個社會貨幣供給的增加量超過其需求量的增加，社會大眾會去增購金融性資產或實質資產，如此便會造成資產價格的上揚。如果增加的貨幣供給流入股市，就是一般人所稱的「資金行情」，就會使股價上漲。復次，利率自由化會使利率對資金更具敏感性，貨幣供給超額的增加，經由利率管道，更會誘使資金由金融機構流向股市。如此說來，貨幣數量學派的看法就是貨幣供給的變動會領先股價的變動。

關於台灣股價與貨幣供給之關係的實證研究，劉子瑯利用多元時間數列因果檢定分析法，發現外生變數的貨幣供給確實領先股價的變動[8]。黃義璋在其1980年的論文中，亦獲得相同的結論[9]。梁發進以一般均衡模型，分析股價與貨幣供給量，得顯著的正相關，且貨幣供給在解釋股價變動時，存有時間滯後的現象[10]。同時劉其昌的研究結果亦支持貨幣供給變動領先股價變動[11]。王聰明利用迴歸分析法，驗證貨幣供給與股價的關聯性，以超額貨幣供給的觀點，證明超額貨幣供給不但與股價變動呈相同的方向，且為一領先指標[12]。林宗懋以向量自我

8　參見劉子瑯民國76年文。
9　參見黃義璋民國69年文。
10　參見梁發進民國78年文。
11　參見劉其昌民國79年文。
12　參見王聰明民國79年文。

迴歸分析的結果，亦支持貨幣數量學派的看法[13]。陳怡如的研究亦獲得同樣的結果[14]。

另外，從效率資本市場理論的觀點，認為有效率的股票市場，投資者會善加利用各種與股市有關且具影響力的訊息，因而股價能迅速反應貨幣供給的變動而先行調整，因此投資者無法由過去貨幣供給的變動趨勢中預測股價的未來走勢。也就是說，股價的變動會領先貨幣供給的變動。林啓淵以光譜分析的數量方法，研究兩者之間的關聯性，發現台灣股價為一隨機變數，這也就是說，投資者無法根據過去股價的軌跡預測未來[15]。

郭建忠利用時間數列法，分析貨幣供給與股價之間是否存有領先或落後的關係以及影響的方向，結果發現股價具有領先且正向反應貨幣供給的現象[16]。楊淑玲的研究發現貨幣供給變動率與股價變動率之間具有回饋的關係，而貨幣供給並非一個對股價有影響的外生變數，而其本身亦受股價變動的影響[17]。另張麗蕙從效率資本市場著眼，認為股市對「消息」(news)的反應必是完全且迅速的。其實，在總體經濟指標公布前，大眾已形成預期，並反應在股價上，未預期的部分才是所謂的消息。貨幣供給的消息與股價呈現負的關係，這種結果須視經濟所處

13 參見林宗懋民國80年文。
14 參見陳怡如民國86年文。
15 參見林啓淵民國68年文。
16 參見郭建忠民國78年文。
17 參見楊淑玲民國81年文。

的狀況而有不同的解釋。這樣說來，貨幣供給與股價似無明確關係存在[18]。鄒孟文利用Granger的因果關係、蕭氏(Hsiao)檢定與迴歸分析法，發現貨幣供給與股價之間並無明顯的因果關係[19]。

　　從貨幣數量學說的觀點，實證顯示，股價與貨幣數量有正的關係，而且貨幣供給的變動領先股價的變動。從效率資本市場理論的觀點，認為貨幣供給與股價之間有相互影響的關係，但不是因果關係。

(二)股價與匯率

　　理論上，匯率影響股價可經由兩個途徑：一為資本帳淨流入，一為商品與勞務的淨輸出(外匯流入)。經由這兩個途徑，都可因貨幣供給量的變動，影響到股票市場。就前一情況而言，新台幣對美金升值，會導致國際的熱錢流入發生變化；就後一情況而言，匯率變動會直接影響國內外相對物價的變動，而使對外貿易受到影響。單就新台幣升值而言，它會削弱出口競爭力，但會降低進口物價而且對資本帳的淨流入有正面的貢獻。無論資本淨流入或經常帳的淨輸出，都會牽涉到貨幣供給的變化，而貨幣供給之變動與股價變動又有密切關係。

　　錢盡忠曾以多元時間數列因果關係檢定法，探討匯率與股

---

18 參見張麗蕙民國78年文。
19 參見鄒孟文民國82年文。

價的關係，結果顯示：在匯率為一外生變數的情況下，匯率的變動領先股價的變動。在短期，兩者的變動呈相反的方向。也就是說，當新台幣對美元兌換率升值時（亦即1元美金兌換較少的新台幣），會使股價上漲。但在長期，它們卻存有正的關係[20]。黃水法以因素分析與迴歸分析，發現匯率變動與股價變動存有反向關係[21]，而張錫杰以向量自我迴歸模式，發現匯率變動領先股價與利率的變動，而且反應迅速[22]。康信鴻與初家祥，建構股價與匯率的聯立式模型，實證結果顯示：兩者之間相互影響程度不具顯著性[23]。

就上述文獻而言，大致上顯示：匯率變動對股價升降有影響作用，而其關係是負相關，匯率變動為領先指標。

(三)股價與利率

利率為使用資金之成本。利率對股價的影響可從下面兩個觀點來分析：1.就企業經營者而言，利率上升，表示利潤會減少；反之，利潤會增加。利潤增減影響發行股票公司的股利，而股利是股價構成因素之一。2.就投資者而言，利率高時，投資者會將資金存入金融機構；利率低時，投資者會從金融機構取出，轉投入股市。另一方面，股票的基要價值為未來收益的

---

20 參見錢盡忠民國79年文。
21 參見黃水法民國75年文。
22 參見張錫杰民國82年文。
23 參見康信鴻與初家祥民國85年文。

折現值，而折現值通常以利率為代替變數，利率高時，股票的基要價值就比較低；利率低時，股票的基要價值就會高些。由以上分析可知，利率與股價呈反方向之變動。

關於對台灣的實證研究，陳文燦的研究發現，利率變動對股價變動具有示知的效果，即利率上升時，股價的反應符合效率資本市場的臆設；利率下降時，則此臆設不成立[24]。陳溢茂、施燕與鄭麗玲採用向量自我迴歸方法亦獲得同樣的結果，但利率的調整對股價變動的貢獻是有限的。他們的實證研究偏於單一關係之探討，至於多項迴歸分析，因素分析，或時間數列分析，因考慮的自變數超過一個以上，所得結果就有些出入了。

事實上，影響股價的因素不止一個，例如，梁發進在其迴歸分析中，考慮到貨幣供給量、國民生產毛額與利率[25]。張麗蕙採用VAR模式，考慮到貨幣供給、躉售物價指數、利率、匯率及國民所得[26]。陳翠玲考慮到工業生產指數、利率、貨幣供給[27]。林讚生以消費者物價指數、利率、貨幣供給為解釋股價的變數[28]。何金巡利用石油價格、匯率、利率、貨幣供給、預期經濟成長率作解釋性變數[29]。總之，這些研究都是著眼於總體經濟面，事實上，預期心理對股價更為重要，但由於量化上

---

24 參見陳、施與鄭民國81年文。
25 參見梁發進民國78年文。
26 參見張麗蕙民國78年文。
27 參見陳翠玲民國79年文。
28 參見林讚生民國80年文。
29 參見何金巡的季模型，行政院主計處，民國86年文。

的困難，大多數的研究忽略這個變數。

三、國內股價與國際股價關聯性之探索

　　台灣股價與國際股價之關聯性取決於台灣股市國際化程度，國際股市資訊，國際流動資產受限制情況，國際經濟動態及預期心理因素等。在這方面之學術性研究並不多。張麗蕙曾從事相關係數分析及VAR模型之區塊排除檢定，發現台灣股價與紐約股價之間具有關聯性[30]。李又剛曾對台灣股價與國際股價之關聯性進行一系列之研究[31]。他以1987年日收盤資料進行分析，台灣股價與日本股價相關程度爲最高，與香港次之，與美國最低。再以1987年10月19日黑色星期一後的這四國股市相關情況作進一步研究，其結果仍然相同。由於中日股市相關係數高達0.7以上，李又剛與呂淑玲便對日本股價建立一計量模型，分析其結構變遷及對台灣股價的影響，發現日本股市之脈動確實能解釋台灣股市的波動現象。易言之，日經股價當期的變動顯著地直接影響台灣股價。另根據徐守德與林恩右的研究，台灣股價波動幅度顯然受日本、香港、新加坡與韓國的影響，而各國股市大都具有明顯的關聯性及時間上的領先與落後

30　參見張麗蕙民國78年文。

31　參見李又剛與林志強的民國78年文，李又剛與丁誌紋的民國77年文，李又剛與呂淑玲的民國80年文。

現象[32]。總而言之，隨著電訊的高度發達，國際資產之調撥快速，彼此經濟關係之更加密切，大國的股市變動很容易，也很快地感染到其四鄰。

　　總括以上所述，過去對股價變動之研究限於技術層面，對泡沫現象之探索並不多，而且多限於對泡沫現象有無之檢定，很少文獻論及台灣泡沫經濟之來龍去脈及其所產生的影響。我們總認為1980年代台灣泡沫經濟之發生對台灣而言是空前的，它的教訓雖夠慘痛，但彌足珍貴。這也是本書撰寫的主要動機。

---

32 參見徐守德、林恩右民國82年文。

第五章

台灣經濟的泡沫現象

　　在1980年代末期，台灣經濟曾出現兩種泡沫現象，正如前述，一為股市的泡沫現象，一為房地產之泡沫現象。股價持續上漲餵養了房地產的價值之暴漲，而由出售房地產得來的資金，又拿去炒股票，於是兩者相激相盪，蔚成台灣經濟泡沫的壯觀。然而，當1990年秋股市泡沫破滅之後，房地產市場也變成苦風凄雨，一蹶不振，至1997年還未見復甦的端倪，但股市已從1996年4月起又開始揚眉吐氣，由4,000多點，暴漲到1997年8月的1萬多點。到是年9月，股價又開始大幅下跌，儘管政府首長放話，企圖提高投資者信心，但東南亞金融風暴的衝擊，到12月底股價仍在8000點上下徘徊。

一、股市泡沫現象

(一)一般觀察

　　在1986年以前，台灣股市，並非是社會大眾關注的重要經濟現象，即以1985年而言，股票開戶僅40萬人戶，為台灣十五歲以上人口的2.95%，上市公司127家，年交易量為1952.3億元，表示股市規模相當的小。當年股價下跌14.54%，表示股市低迷。可是自1986年起，股市開始沸騰。尤其進入1987年之後，股價如脫韁之馬，一路飆漲。譬如1986年股價較1985年上漲26.7%，1987年卻比1986年上漲126%，1988年較1987年更上漲143.7%。在1988年，上市公司增加為163家，開戶數卻增為160.62萬人戶，較1985年增加了三倍，其交易金額為78,680億元，也較1985年增加了39.3倍。股價繼續狂漲，到1989年股價較1988年上漲65.6%，開戶數急增，為420.85萬人戶，較上一年增加162%，而交易金額增加更快，為254,079.6億元，較上年增加222.9%，股價上漲之勢稍緩，股市之熱絡程度卻遞增。

　　台灣股價指數從1986年10月17日超過1,000點之後，到1990年2月10日，股價達到12,682點的最高峰，期間約有40個月的「多頭」。接著股價又一路狂跌，到1990年10月1日，便跌到2,485點。在不到八個月的時間，股價跌落萬點以上，於是造成了空前的泡沫破滅，股市的大崩盤。自此以後，股價雖有起起落落，

但直到1996年4月前，股價之持續上升現象便不再出現。

　　若從1981~90年作為觀察期，則在此十年的期間內，台灣有極為顯著的兩次泡沫起落現象，一次是在1986年10月股價超過千點之後，到1987年10月1日；另一次是1988年初~1990年初。前者漲跌幅度較小稱為次泡沫；後者漲跌幅度較大，稱之為主泡沫。（參見表5-1及圖5-1）

表5-1　台股股價與其相關重要股市訊息

年	上市公司家數（家）	開户買賣人數（萬人）	股價	上市總股數（百萬股）	交易總股數（百萬股）	週轉率（%）	交易總金額（億元）	上市市價（億元）
1981年	107	38.57	548.84	12805	13198	103.07	2092.2	2013.3
1982年	113	36.80	477.20	15144	10244	67.64	1338.8	2031.1
1983年	119	36.86	654.28	16716	23864	142.79	3638.4	3059.6
1984年	123	38.43	872.51	19039	18164	95.40	3244.8	3902.6
1985年	127	40.05	745.62	21345	14534	68.09	1952.3	4157.1
1986年	130	47.38	944.74	24082	39041	162.11	6756.6	5484.4
1987年	141	63.45	2135.03	28735	76857	267.47	26686.3	13860.7
1988年	163	160.62	5202.21	34358	101350	332.63	78680.2	33832.8
1989年	181	420.85	8616.14	42130	220558	590.14	254079.6	61741.6
1990年	199	503.31	6775.32	50643	232307	506.04	190312.9	26819.1
1989年1月	163	176.59	5716.92	34703	7571	21.82	594.33	3848.17
2月	163	190.01	6679.85	35088	9081	25.88	713.40	4442.4
3月	164	210.73	7318.04	35312	18490	52.36	1533.26	4383.52

年	上市公司家數（家）	開戶買賣人數（萬人）	股價	上市總股數（百萬股）	交易總股數（百萬股）	週轉率（%）	交易總金額（億元）	上市市價（億元）
4月	164	233.97	7785.28	35398	20484	57.87	1870.65	4716.69
5月	165	264.64	8795.43	36061	24463	67.84	2765.48	6071.7
6月	165	287.89	9497.42	36106	15813	43.80	2113.35	5506.86
7月	166	306.20	8619.42	36380	15566	42.79	1708.99	5670.67
8月	167	336.66	9731.62	36928	26719	72.35	3298.87	5834.39
9月	167	361.17	10402.75	37948	20890	55.05	2871.01	6216.08
10月	172	384.03	10066.97	39635	19288	48.65	2686.54	6559.68
11月	176	408.47	10121.37	40943	22856	55.82	3059.29	6018.52
12月	181	420.85	8658.43	42130	19336	45.90	2192.78	6174.16
1990年1月	184	430.31	10677.57	43067	15824	36.74	2259.70	7712.15
2月	184	447.30	11983.46	43442	23840	54.88	3191.57	7577.23
3月	184	460.46	11223.10	43877	20543	46.82	2667.46	7013.69
4月	185	469.50	9741.52	44157	16974	38.43	2052.30	6033.25
5月	186	476.55	7848.01	44487	18252	41.03	1796.30	4698.11
6月	188	483.56	6157.25	45112	18143	40.21	1416.65	3263.26
7月	189	486.96	5037.66	45449	21743	47.84	1307.21	3580.25
8月	193	491.98	4119.74	46237	17302	37.42	917.17	2332.03
9月	193	494.02	3237.57	47388	11013	23.24	421.82	1740.88
10月	192	495.41	2912.16	48053	17686	36.82	579.05	2126.66
11月	193	499.83	3966.22	49009	29491	60.17	1302.17	2752.59
12月	199	503.31	4399.58	50643	21490	42.44	1119.90	2681.91

資料來源：台灣證券交易所的證券統計資料與證交資料。

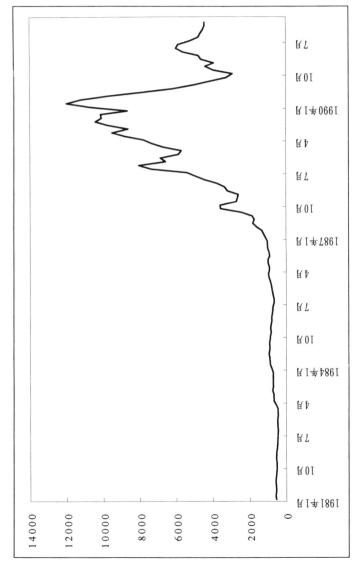

圖5-1 台灣股價指數變動圖

（二）次泡沫之起落

　　台灣股價於1986年10月開始超過千點之後，便以快速的步調向上竄升。到1987年10月1日，便漲到4,796點的高峰。然後，在回檔下降的過程中，遇到10月19日紐約股市黑色星期一的大崩盤及10月20日東京股市的大崩盤。由於台灣在外人投資與貿易方面同美國和日本有密切的關係，這兩大股市之崩盤對台灣的股市也產生了不利的影響，於是對回檔下挫的台股行情，無疑是雪上加霜。台灣股價於該年年底便跌到2,297.8點，從該年10月1日~12月底，僅三個月的時間，即下跌2,500點，跌幅為52%，可見其嚴重程度。

　　從1985~87年，以年增率而言，股價上漲186.3%，而交易金額增加233.4%。這種漲幅是有其社會經濟背景的。自1985年起，對外貿易順差大幅增加，相應地，貨幣供給也大幅增加。例如1986年比1985年便增加51.4%，而1985年儲蓄率高達38.5%，然而該年資本形成毛額僅占國內生產毛額的18.7%。換言之，超額儲蓄率（即儲蓄率減投資率）為19.8%[1]，也就是有581,407百萬元的爛頭寸充斥於市。由於利率已下降為5.25%，而且各銀行對大額存款已不感興趣，這些爛頭寸中，大部分跑到股市，小部分跑到地下投資公司，因為地下投資公司的吸金

---

1 超額儲蓄率係指國民儲蓄率減投資率，國民儲蓄率係指國民儲蓄占國內生產毛額之百分數，投資率係指資本形成毛額占國內生產毛額之百分數。

年息高達40%。同時，由於出超所賺外匯不斷變成新台幣，而新台幣對美金自1985年開始大幅升值，於是熱錢滾滾流入，亦增加對股票的需求力量。在這種背景之下，股價焉不上升？1987年10月1日達到最高峰之後，便急趨下降，主要是受了美日股市崩盤的影響[2]。惟由於台灣經濟本身尚夠健全，股市低迷為時不久，又恢復它的快速上升。

（三）主泡沫之大起大落

　　由於台灣出超仍繼續增加，超額儲蓄有增無減，地下投資公司利用高息吸取之資本也投入股市，新台幣繼續巨幅升值，而外匯收入仍受管制的情況下，股價又重新爬起，且一路攀升。

1. 出超：1988年達到最高金額為18,019百萬美元。當時出口商賺取外匯後，自己僅能保留一小部分，而且絕大部分要賣到中央銀行，由中央銀行釋出新台幣。

2. 新台幣升值：中央銀行為顧及巨幅升值對企業衝擊太大，於是採取漸進方式，以便企業界有調整的機會，可是這種用心卻為投機者所乘，他們看準新台幣是慢慢升值的，於是在外國貸進大量美金匯到台灣，換成新台幣，投入股市買賣。又因為股價一路飆升，在賺取某一數額之後，再換成美金，匯出國外還債。在這種情況下，這些投機者便賺取了兩次巨利；

---

2 參見第四章，既有的研究已發現日本股市波動最能影響台灣股市，因為日本無論在貿易或投資方面，與台灣的關係最為密切。

一次是由股市，另一次是由匯市。

3. 超額儲蓄之未成為投資資金也有其環境因素：自1987年戒嚴法取消之後，整個台灣社會成為虛脫狀態，失序現象處處發生，時時發生。對於工業界而言，社會失序，諸如環保抗爭、勞資糾紛、地價又大幅暴漲。同時新台幣大幅升值後，使出口競爭力大被削弱，有不少中小企業寧願出售廠地而到海外作寓公，或者到股市炒股票，更積極的中小企業跑到海外求發展，於是東南亞便成為它們創造第二春的新領域；也有些中小企業在政府開放大陸探親之後，也到大陸設廠生產。

4. 地下投資公司之趁機炒作：在1980年前半期，台灣商界引進日本的老鼠會，不久之後，地下投資公司便如雨後春筍般繁殖起來，而且速度驚人。它們利用高利息吸取退休軍人及退休公教人員的儲蓄，因為他們的儲蓄若存入銀行所獲利息極低；如果金額超過百萬元，一則銀行拒絕存款，一則以3%的年息同意存入，當他們得知地下投資公司的年息高達40%之後，便毫無考慮地投入地下投資公司的吸金活動。這些地下投資公司，一則將這些資金投入股市，一則購買房地產、百貨公司、酒店等。凡進入股市的資金，對股價而言，是火上加油。股價之飆漲，地下投資公司之投入是個重要力量[3]。

---

3 很多地下投資公司規定：凡投資金額滿15萬元，每月付息5千元，一年為60,000元，年息率為40%。地下投資公司是未經政府批准的公司行號，或者經政府批准的公司行號，違法吸收民間資金，作投機事業之用。

　　在對股票需求如此之大，而股票供給仍有限的情況下，股價上漲是難以抗拒的事實。1987年底時，股價曾降為2,297.8點，到1988年9月24日便達到8,831點。兩者相較，股價上漲6,333點，漲幅為283%。由於財政部於該年9月24日宣布自1989年元月1日起恢復證券交易所得稅之課徵，嚴重衝擊股市投資者的信心，復以大戶藉機摜壓，股市出現強烈的賣壓，於是造成股價之大幅重挫。1989年1月，股價跌到5,716點，較1988年9月24日之8,831點，跌了3,115點，跌幅為54.5%。嗣後，財政部公布證券交易所得稅徵收注意事項草案，澄清投資人之誤解，並由證券交易所積極協調上市公司、財團法人與銀行團進場護盤，股價才轉趨回升。不久又發生買盤追漲局面，股市又呈欣欣向榮景象，股價指數於1989年6月19日一舉突破萬點大關，此時股市進入顛峰狀態，投資人不管績優股或劣績股，均視為搶手貨。該年7月，政府決心整頓地下投資公司，股市又盛傳懲處股市人頭案件，致投資人信心不足。此外，若干投資公司停止出售等不利股市交易因素，股市行情於7月底產生失控現象，即股價曾跌回8,000點。嗣後，投資買氣回籠，股價走堅，8月底衝破萬點。11月份之後，因為國際股市重挫以及市場謠言紛紛，投資人信心不足，致股價呈盤整回檔局面，於12月上旬又跌回8,000點左右。不久股價又開始回升，進入1990年，年初開盤股價便一路飆漲，到2月10日便漲到12,682點，創歷史之最高紀錄。

　　進入1990年，台灣的經濟條件起了很大變化：（1）匯率：新台幣兌美金到1989年底為 26.16：1，較1985年之 39.8：1，

新台幣升值了52.14%，這對出口價格之影響太大，以致出口競爭力下降。(2)社會失序：罷工、圍廠等社會活動大受影響。同時，很多成年人醉心於股市投資，也脫離了生產線，致生產力降低，生產成本增加。以1990年較上年而言，製造業生產滑落0.44%，出口僅增1.37%，出超大幅下降。(3)由於股市熱絡，地下投資公司猖獗，國民儲蓄率降到30%，投資率為22.5%，超額儲蓄率降為7.5%。(4)銀行政策：中央銀行升高貼現率，已由1988年的4.75%升為1989年的7.75%。1989年貨幣供給僅增加6.1%。(5)政局不穩：正值權力交替時期，國內政局不穩，影響民心。(6)國際股市低迷：如日本股市崩盤的衝擊。這些基本因素造成「利空」。

台灣股價於1990年2月1日達到最高峰後，便因這些「利空」因素而連續重挫。到該年8月，伊拉克入侵科威特，爆發波斯灣戰爭，中東石油生產馬上受到影響，油價上漲的預期心理形成。這對已受創傷的股市更是雪上加霜。股價乃隨著中東戰火的起起落落而升少跌多，到10月1日，股價跌到2,485點。從2月10日之高峰到10月1日之低谷，共跌落了10,197點，跌幅為410.3%。當股市崩盤時，房地產價大幅跌落，地下投資公司之騙局畢露而瓦解，市面之繁華假象也成泡影。股價暴漲暴跌幅度之大，在中國股票史上確是空前的現象。

(四)台灣股市泡沫之特點

就股市泡沫現象而言，它有下列幾個特點：

1. 上市公司數目少，到1990年時才199家，開戶投資人卻高達503.31萬人戶，占了15歲以上人口的1/3，可說全民均參與股市活動了。

2. 能夠操縱股價漲跌的，主要的為大戶，這些大戶在某種情況有呼風喚雨之勢。

3. 散戶太多，大部分為盲目投資，任何股票都成為交易對象，幾無對個別股票之選擇。

4. 股價上漲或下跌是各種股價齊一為之，不分好股或壞股，要漲一起漲；要跌一起跌。

5. 1990年台灣股市暴跌幅度之大，在中國股市史上，是罕見的。

6. 股市與房地產相激相盪，當股市崩盤，房地產價也大幅下跌，而且一蹶不振。

（五）有兩個問題需要作合理的說明

1. 政府對股價狂飆曾作了些什麼？

　　不斷上漲的過程中投資者希望「明天會更好」，也就是說，繼續上漲符合他們的利益。然而，世界上沒有一種股價是不顧一切地上漲，可以說：根本沒有。而且是會「物極必反」。任何對「預期」有影響的因素，就會使股價停止暴漲，改為暴跌。

　　政府在股市狂飆過程中曾作了些什麼？首先我們看看當時台灣的國際收支情況：到了1990年貿易差額（即出超）減少，經常帳差額下降，而國外資產淨額大量縮減。因為整個世界經濟成長減緩，由1989年之3.4%降為1990年之2.6%，表示景氣衰退。

同時國際油價大幅上漲，1990年西方國家均採取貨幣緊縮政策，並提升其長期利率，在美國高達8%以上，英、法兩國均在10%以上，西德在8%以上，日本也在6.5%以上，歐洲美元債券則在9%以上。國際經濟情勢之不利，成為國際股價下跌的一個基本原因。

表5-2 台灣的國際收支情況

單位：百萬美元

類　　別	1987	1988	1989	1990	1991
貿易差額	20,211	13,834	16,203	14,928	15,754
經常帳差額	17,925	10,177	11,385	10,769	12,015
國外資產淨額	20,313	5,180	3,119	55	7,329

資料來源：中央銀行編印的《金融統計月報》。

在國際經濟情勢轉趨不利的局面下，中央銀行的收縮資金措施發生了「利空」的影響。央行於1989年4月提高重貼現率，由該年3月之4.5%提高為5.5%，到8月提高為7.75%。從3月到8月調整幅度為72%，而且又調高存款準備率，立即的效應是貨幣供給增加率不但減少，而且社會大眾存款由活期改為定期，致1989年M_{1B}增為6.1%，遠低於前幾年（1985~88）兩位數字成長，而M_2增加18.4%，較過去數年稍微降低些。到1990年，整個貨幣供給較1989年降低（M_{1B}下降6%，M_2增加11%），同時消費者物價也上漲了4.13%。

除外，為遏止不正常的投機交易，政府堅持不降低證券交易稅。不過，1990年對於融資貸款並未因股市狂飆而減少，譬

如增撥策略性科技工業投資計畫貸款及中小企業開發性升級轉
融通100億元，中央銀行由郵政儲金轉存款中，提撥專款300億
元分批平均撥存省庫銀行，供其辦理無自用住宅民眾購屋貸款
及企業正常營運與資產設備貸款，並放寬選擇性信用管制。同
時1990年8月13日起，央行也調降銀行存款準備率0.5~1.0個百
分點，以及信託投資公司信託資金準備比率1個百分點，藉以
增加貨幣供給，然其效果不彰，到該年10月初股市便跌到最低
點了。

　　1990年10月初台灣股市崩盤後，投資者之損失不貲。試想
股價從12,682點在八個月內便暴跌到2,485點，跌幅爲五倍，在
中國股票史上罕見，甚至比1987年美國黑色星期一及1990年日
本泡沫破滅還要嚴重，更何況與股市息息相關的房地產價格也
下跌二至三成多。許多地下投資公司都爲之倒閉破產，這些令
人慘痛的現象爲台灣社會帶來些什麼？

2. 泡沫破滅後，投資者的反應是什麼？

　　股市崩盤後，首先是投資者的遭遇，有部分投資者在股價
到達萬點時，即抽身股市，這些投資者都賺了很多，而那些盲
目而無理性的投資者，在萬點以上還進場冒險者，無不被套牢。
這些被套牢的投資者會有什麼反應？

　　當時投資於股市的人有兩種：一種爲大戶，一種爲散戶。
大戶被套牢者不多，因爲他們的資訊較流通與警覺性較高，而
絕大部分的散戶被套牢。但他們安於這種遭遇，既未尋死以求
解脫，亦未走上街頭請求政府救濟。他們默默忍受，因爲被套

牢的錢不是借自銀行的錢,主要是「私房錢」。事實上,一般
消費者從銀行借不到任何錢,他們有了損失,只是他們多年累
積的財富不見而已,對他們的基本生活無嚴重影響,所以他們
能默默承受。

　　同時中國大陸經濟正快速成長,從而帶動東亞地區的繁榮
和兩岸貿易的快速發展,使台灣經濟自1991年起又獲得新的動
力,也因此倖免泡沫經濟崩潰可能帶來的經濟災難。

二、房地產泡沫現象

　　1980年代下半期,美國發生資產不景氣現象(asset recession),
結果六、七百家地方性金融機構倒閉或被購併,1990年以來,
日本也跟著發生資產不景氣現象,導致1992~95年整個經濟之
停滯現象,1995年東京銀座的房地產價跌落50%,影響所及,
不少日本信用公司倒閉。在台灣,房地產價格曾有相當長的時
間是處於小幅度波動局面,那就是自1981~86年。

　　台灣房地產價格之變動情況可由政府的公告地價,見其端
倪。以台灣省而言,與上年相較,1987年上漲9.74%,1988年
上漲11.54%,1989年大幅上漲47.31%,到1990年更上漲
103.05%,之後,便呈下降之勢。再以台北市為例,1987年上
漲5.24%,1988年上漲13.45%,1989年上漲40.23%,1990年上
漲98.78%,1991年便下降2.39%。高雄市漲幅在1991年以前漲
幅並不大。在時間上,台北市房地產價之上漲比台灣省都領先

一年。根據內政部發布的資料，最近八年(1986~93)，公告地
價平均漲幅為730%[4]。

　　通常，公告地價比市場價格低很多，尤其在地價持續上漲
時期，由於公告地價之僵固性[5]，市價與公告地價相差很多，
而且公告地價之調整主要依據市價，為了減輕民間租稅負擔，
公告地價的上漲趕不上市場價格。一般公告地價約等於市價的
五、六成(參見表5-3)。

表5-3　最近八年(1986~94)公告現值調整幅度表

單位：%

地區 \ 年		1987	1988	1989	1990	1991	1992	1993	1994
台灣省	環比	9.74	11.54	12.46	47.31	103.05	44.42	25.36	14.97
	定基	9.74	22.40	37.65	102.77	311.72	494.61	645.41	757.00
台北市	環比	5.24	13.45	40.23	98.78	-2.39	15.38	3.24	2.69
	定基	5.24	19.39	67.43	232.81	224.85	274.82	286.97	297.37
高雄市	環比	-0.19	12.31	2.52	11.89	50.00	40.00	20.00	9.30
	定基	-0.19	12.10	14.92	28.59	92.88	170.01	224.04	254.17
總平均	環比	9.06	11.70	13.56	47.88	97.42	43.29	25.06	14.69
	定基	9.06	21.82	38.83	104.58	303.87	478.71	623.73	736.09

註：環比為與前一期比較，定基為與75年期比較。
資料來源：內政部地政司。

　　再就台北市住宅價格來觀察，1986年每坪平均為6.72萬元，
到1990年便漲為36.87萬元，漲幅為448.7%。由於這個價格是

4　參見張金鶚，房地產真實交易價格之研究，台北國立政治大學地政系，
　　民國八十年。
5　所謂僵固性(rigidity)，即價格祇漲不跌現象。

台北市各地區價格的平均值，無法見到台北東區的高價格華
廈，也見不到萬華區的低價格老宅。事實上，台北東區的住宅，
在1989年及1990年平均在50萬元到60萬元一坪，在1986年時，
也不過8~10萬一坪。

表5-4 台北市住宅價格

年代	當期價格（萬元/坪）	變動率（%）
1979	4.91	38.7
1980	7.25	47.7
1981	7.85	8.3
1982	7.28	-3.3
1983	6.85	-5.9
1984	6.98	1.9
1985	6.64	-4.9
1986	6.72	1.2
1987	9.19	36.8
1988	18.04	96.5
1989	32.19	78.24
1990	36.87	14.54

資料來源：1979~88年根據陳明治(1989)，參見張金鶚民國80年文。

　　台灣房地產價緊跟著股價狂飆。1990年2月台灣股市崩盤，
台灣房地產價，以台灣省而言，1992年比上年漲44.42%，然後
便陸續下降直到1997年初，房地產仍未恢復元氣。此次房地產
不景氣爲時相當地長，已超出五年一次循環的規律。由於房地
產之不景氣已達七年之久，最近兩年(1995~96)，台灣的金融

業逾期放款比率大幅提高，造成了地方金融機構的信用危機。如非這一年(1996~97)股市的熱絡，會有更多的金融機構有危險。

台灣的房地產業有幾個特點：

1. 在1991年以前的四、五年期間，由於房地產價格飆漲，凡持有土地(非農地)的地主，都變成巨富。

2. 空屋率仍然很高。根據1992年普查處的資料，顯示台灣空屋戶數有479,839戶，占整個住宅的13%，積壓資產高達4,800億元。

3. 台灣少數高價且面積大的豪宅，促銷效果一直不錯；但價格較低而面積較小的一般房屋，卻受不到需求者之青睞。這種現象顯示財富有集中在少數人之手的傾向[6]。

由前面的分析，可知1980年代下半期股價與房地產價猶如孿生兄弟，當前者上漲時，後者也上漲。但由於股價上漲程度過高，而投資者又多失去理性，導致1990年初冬股市崩盤現象發生。至於房地產價，即使具代表性的資料不足，但由台北市住宅價格之暴漲與滑落，也可看出股市崩盤也使房地產失去支持力量，致陷於長期不景氣之中。

---

6 參見民國86年11月2日聯合報5版，台灣有十大豪宅，其中鴻禧大樓每坪為58~60萬。

第六章

台灣泡沫經濟之形成

　　1980年代末期，台灣泡沫經濟之發生是有其歷史背景的。所謂歷史背景，乃是指自1960年代以來，台灣經濟成長迅速，無論個人或政府都開始累積資產。台灣所面臨的國際經濟情勢也在急劇的變化，出口貿易的國際競爭對手愈來愈多，也愈來愈強。到了1980年代初，台灣的產業結構發生了顯著的變化，農業已式微，工商業社會已形成。適用於比較靜態的農業社會的法令規章多已過時，而且成為進一步發展的絆腳石，當時有人譏刺台灣的銀行是「當舖」。執政當局多昧於國內外環境的根本變化，忽略工商業社會所需要的法規，致持有濃厚的保守心態。以落後的金融制度去服務迅速變化的工商業社會，實有捉襟見肘之窘狀。同時社會風氣也自台灣步入小康之境後，對部分民眾產生了「一夜致富」的心態。祗要能夠致富，則不擇手段的去追求。因此產生了社會大眾的貪婪與投機行為。這些因素或可說明台灣社會為什麼不在1950年代、1960年代及1970年代產生泡沫經濟，偏到1980年後期產生泡沫經濟的根源。

此次泡沫經濟包括了兩個重要的資產：一為不動產價格，即房地產價格的大漲大跌；一為流動資產價格，即股票價格的飆漲與暴跌。這兩種資產價格相激相盪，形成上漲時加速，下跌時也加速的現象。房地產價格之上漲，緣於供需的嚴重失衡，再加上建設公司之推波助瀾，乃形成房地產之價格呈跳躍式上漲[1]。股價之上漲緣於超額儲蓄過多，無適當投資管道將之消化，而股票之供給量又少，形成粥少僧多局面，復以非理性投機炒作作祟，乃導致股價之大起大落現象。

對於1980年代末期台灣泡沫經濟之形成，我們將從這個角度切入，然後透過金融面之錯綜變化，觀其暴漲；再從生產與出口面的不振，見其暴跌。而非理性投機行為，對這種變化發生了「火上加油」的影響力。

為了分析方便，在討論台灣泡沫經濟之形成時，我們將其分為兩部分來討論：第一部分為泡沫經濟之理論架構；第二部分為泡沫經濟之實證分析。第二部分是對第一部分之統計驗證，俾發現一條可解釋台灣泡沫經濟的決定式。

---

1 在1987年，國泰人壽保險公司以超過公告價格的3倍多，購置位於台北市南京東路三段的一塊土地，頓時使其周圍土地也跟著水漲船高飆漲起來。從此案起，台北市的地價便竄升起來，一直到1990年，才止漲而趨跌。

一、泡沫經濟之理論架構

　　1980年代末期台灣泡沫經濟之發生，主要由於兩種社會現象的失衡：一為總體經濟失衡，一為政治社會失衡。前者在國內表現為儲蓄超過投資，形成超額儲蓄，在國外表現為輸出超過進口，形成貿易出超。政治社會失衡是指1987年解嚴後，社會失序，如勞動糾紛，環保抗爭，嚴重影響競爭力。同時政治運動又如火如荼，使不少投資者失去信心。

　　關於總體經濟之失衡，我們可用一個簡單的數學模式表示出來：一國之國民生產毛額(Y)之來源包括民間消費支出(C)，政府消費支出(G)，投資支出(I)，貨物及勞務輸出(E)及輸入(M)，即

$$Y=(C+G)+I+E-M \cdots\cdots\cdots\cdots\cdots\cdots\cdots\cdots\cdots (6\text{-}1)$$

另一方面，國民生產毛額(Y)之分配為民間消費支出(C)，政府財政收入(T)和儲蓄(S)，即

$$Y=(C+T)+S \cdots\cdots\cdots\cdots\cdots\cdots\cdots\cdots\cdots\cdots (6\text{-}2)$$

亦即　$(C+G)+I+E-M=(C+G)+S$

假設財政收支平衡，即政府消費支出(G)等於政府財政收入(T)，移項後得

$$E - M = S - I \cdots\cdots\cdots\cdots\cdots\cdots\cdots\cdots\cdots\cdots\cdots\cdots(6\text{-}3)$$

亦即 貿易出超＝超額儲蓄

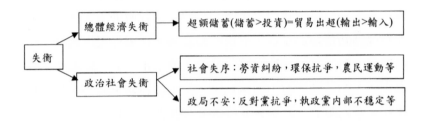

　　總體經濟失衡是此次泡沫經濟產生的主因，而政治社會失衡則是泡沫經濟破滅的主因。前者是製造濫頭寸的來源，後者是對預期不表樂觀的引子。

　　首先從對外貿易失衡說起。1980年代對外貿易失衡，是貿易出超。台灣對外貿易出超可說是多年來鼓勵出口，限制進口的結果。在鼓勵出口方面，政府所採取的政策包括獎勵投資條例：對出口收入免徵營業稅，減免所得稅，同時對出口退稅，包括關稅、貨物稅、港工捐等。在限制進口方面，政府將進口分為禁止進口、管制進口、和准許進口，到1970年代才逐漸減少貿易管制。

　　出超是創造外匯的最有效途徑。在中國人的心目中，外匯是愈多愈好，因此，外匯存底也就不斷增加。然而很多人並沒有想到，這種現象對新台幣的價位有多大的影響，總認為外匯多是好事。在當時，出口商所賺取外匯絕大部分要交中央銀行

持有，中央銀行放出新台幣給出口商，也就是說，出口愈多，中央銀行放出的新台幣亦愈多，於是貨幣供給大幅增加。

台灣之有貿易連續出超，始自1976年，到1983年出超金額高達GDP的9.1%，到1986年達至最高點，為GDP的20.66%或輸出的39.15%。出超之增加，相應地也使貨幣供給大幅增加，例如1986年M_{1b}增加率為51.4%。在1986年以前，外匯非經許可，私人不得持有，直到1987年7月，政府才批准自由持有或運用外匯從事貿易，並允許個人或公司在一定金額內可自由匯出或匯入外幣。

由於出超大，美金供給便大量增加，於是新台幣對美金大幅升值，例如1985年底：美金對新台幣的兌換率為1：39.9，到1986年底，便變為1：35.5，表示新台幣大幅升值。到1989年，其兌換率便升為1：26.16，十年之內新台幣升值52.6%[2]。

當時新台幣對美金升值是採漸進方式[3]。從中央銀行觀點，漸進式升值可使進出口企業有調整的時間，減少傷害程度，但無可諱言地使投機客有機可乘。當新台幣持續升值的同時，股

---

2 新台幣對美金升值或貶值有兩種計算法，一種是從新台幣觀點：
$(1/26.16 - 1/39.9)／1/26.16 = 52.55\%$，表示新台幣對美金升值程度。
另種是從美金觀點：$(26.16 - 39.9)／39.9 = 34.44\%$，表示美金對新台幣貶值程度。

3 對於新台幣對美元升值，有兩種意見，一為漸進式升值，其效果，正如文內所示，另一為一次升值，即完全聽任市場的供需。持後種意見的人認為：新台幣對美元價值低估久矣，應讓它調整到合理的價位，然後讓它自由波動，不加干預。當時，匯市還不是完全自由運作的市場，政府深怕新台幣升到50%時，會使很多工廠一夜之間便倒閉下來，故認為這種措施不能輕易嘗試。

價也不斷上漲，於是熱錢便由國外輸入，亦即投機者將大量美金匯入，兌換成新台幣，然後到股市去炒股票。由於股價不斷上升，投機者將獲取的利得再兌換成美金，因為美金相對新台幣貶值，投機者在兌換美金時又賺了一筆差價。

由於貨幣供給增加太快，逐使利率下降，而且達到谷底，一般人民將儲蓄存在銀行，年息只有5%，若存款超過100萬元，很多銀行拒絕接受或以3%年息接受之。於是社會上游資增多。當游資進入股市，股價便連續上漲；當游資進入房地產市場，房地產價格便上漲；當游資進入地下投資公司，這些投資又轉到股市或房地產。股價大幅飆漲始自1987年，該年第四季股價指數為上年同季的2.8倍，或者上漲了198%，到了1990年第一季，股價較1986年第四季上漲了1026.6%，或者說上漲了10倍多。

1989年底~1990年2月是股價處於巔峰時期，可是由於股價的暴漲缺乏實質面的支持，例如：本益比過高，許多財務不健全的公司，其股價照常暴漲。一旦有不利因素出現，股市就很容易崩盤。就在股價趨向巔峰時，台灣政治社會因1987年之解嚴，像虛脫一般。社會失序，政局不安，勞資爭議，環保抗爭，治安惡化，這些現象便構成了投資環境的惡化[4]。

---

4 台灣的戒嚴法始自中央政府自大陸撤退來台，其目的是求社會之安定，唯社會能安定，所謂反共大業才有基礎。在戒嚴期間未獲許可的遊行示威均被視為非法，凡有共諜嫌疑及台獨分子的活動均受到嚴格的管制與制裁。戒嚴法一旦被解除，台灣社會像脫韁之馬，各種運動蜂起。

　　投資環境惡化之後，工商界投資意願不高，另一方面，由於新台幣大幅升值，輸出競爭力下降，於是輸出困難。在投資不振與輸出困難的情況下，工業生產不振，便影響了股市的基本面。

　　事實上，由於大家炒股票，需現金應急，政府已自1989年起採取緊縮措施，除了調高貼現率，由上年之4.5%升高為7.75%，而市場利率也自4.85%升高為8.52%，也提高存款準備率，其結果：貨幣供給增長率下降，如M_2由1988年之17.9%，下降為1989年之15.3%，而M_{1b}也自24.4%下降為6.6%。

　　更重要的一個因素是股票的本益比過大，超出了歷史紀錄，表示股票灌水太多，超出它的實際價位太多。當人們認真考慮這個問題時，股價續升的信心便沒有了。其實支持股價變動的，信心是個極重要的因素。

　　除此，國際經濟情勢也處於低迷狀態，尤其波斯灣戰爭發生以來，大家對於石油危機又有了憂慮，不少人認為：一旦伊拉克有力量控制中東的石油供給，另一次石油危機就會到來。當時的中東情勢是：科威特已被伊拉克大軍占領，而沙烏地阿拉伯也在危機當中。

　　1989年底及1990年初，國內政局不穩定更是個重要因素。一方面，民進黨的「獨立聲浪」不斷入耳，另方面國民黨為總統選舉提名產生不同的意見與派別，例如李登輝與李元簇是一派，而林洋港與蔣緯國是另一派，後經黨內大老的斡旋，黨爭才告平息。不過，執政黨黨爭之事已為股市披下「利空」的陰影。

　　基於這些現象的併發，在台灣，一般人對當時局勢產生悲觀心理，對股價狂漲也有了疑慮，結果到1990年2月股價升至1萬2600多點時，便如瀑布之下洩，急速向下跌落。到該年10月初，便跌到2400多點。股市崩盤發生了，緊跟著房地產價格也開始大幅的滑落了，這對孿生兄弟一起步入蕭條之境。

　　對於此次泡沫經濟之起落，給社會大眾一個慘痛的教訓：這是非理性投機行為的必然結果。盲目跟從的散戶所受的損失最大。大家能否記取這個教訓？那就要看1997年股市行情的變化來佐證了。

　　為了說明台灣股市泡沫之興起和破滅，圖6-1可提供一個來龍去脈的解析。

二、泡沫經濟之實證分析

　　在我們討論泡沫經濟之理論架構後，再進一步利用1981年1月~1990年12月或1981年第1季~1990年第4季的月或季統計資料作實證分析，以便驗證泡沫理論之解釋能力。首先我們先探討貿易順差或超額儲蓄與股價的關係。然後再依次探討股價與匯率、外匯存底、貨幣供給、利率、物價、國民生產毛額以及與美日股市的關係。除此，我們也將討論房地產的漲跌情況。

(一)股價與出超

　　出超是增加外匯存底的主要因素。在1950年代，政府苦於

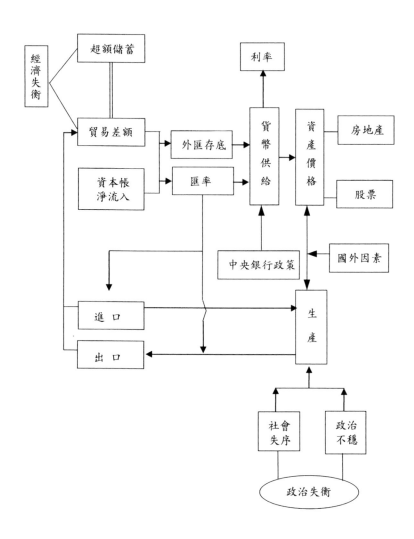

圖6-1 泡沫經濟形成流程圖

外匯的短缺，而台灣本身資源又不豐富，在無法自給自足的情況下，如何設法增加外匯是決策階層苦心積慮，要解決的重要問題。於是政府決定發展對外貿易，以出口所賺取之外匯用來進口所需要的物資。在當時，台灣所能出口的，不外是剩餘的農產品及農產加工品。由於當時國際環境有利於推展外銷，所以出口比較順利。同時美援的適時注入，也解決了部分生產原料短缺的問題，如棉花和小麥這兩種民生必需品都是在美援進口名義下獲得了供應。

到1960年，政府開始實施「獎勵投資條例」，主要是利用減免租稅的方式，鼓勵外銷。在外匯管制時期，出口廠商可保留外匯收入作為原料及機器設備進口時的外匯需求之用，而不必重新申請外匯。同時，對於出口廠商，銀行可提供低利外銷貸款。為減少出口退稅之繁雜手續，政府特設保稅倉庫，保稅工廠以及加工出口區等。在這些優惠條件下，對外貿易乃成為台灣經濟成長的主導部門。對於進口，除農工原材料、機器設備外，政府採取限制進口的措施，直到1970年代，才開始減少貿易管制，但消費品的進口仍受高關稅的抑制。到1975年，對外貿易開始有出超發生，從該年到1996年，除1980年對外貿易為入超外，其餘各年均為出超，而且在1986年出超占國民生產毛額的20%。連年出超的累積是構成外匯存底增加的主要力量。基於這些考慮，我們視出超為解釋股價變動的變數。先驗上，出超愈多，貨幣供給增加愈快；另方面，出超愈多，新台幣對美金升值的可能性愈大，因為熱錢會趁機流入，從而增加

貨幣供給;而貨幣供給增加,是股價上升的重要力量。圖6-2
表示貿易順差與台股指數的變動情形。

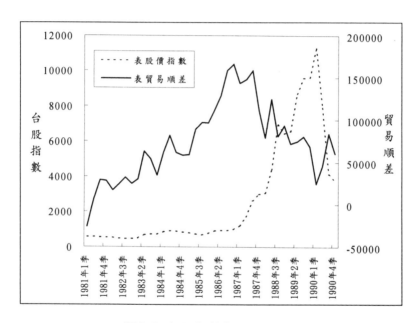

圖6-2 台股指數與貿易順差

　　我們利用1981~90年每季的股價指數(Pstock)與貿易順差
(E－M)加以簡單迴歸,所得估計式,表示滯後八季的貿易順
差對股價有相當大的解釋能力,即貿易順差增加100萬元,股
價指數即上升0.9973個點數。(見附錄式(6-1)和式(6-2))

(二)股價與超額儲蓄

在國民會計上，貿易順差，即超額儲蓄。實際上，兩者在很多情況並不相等。超額儲蓄，就是市面上的爛頭寸，也就是未被投資利用的資金。造成超額儲蓄的原因，乃是社會大眾的習慣是：多儲蓄不但代表財富的增加，也代表生活的安全感。東方人喜歡儲蓄，即使收入不多，也願節省下來，備他日有急事時使用。個人儲蓄之後，大部分存放金融機構生息；而政府也喜歡預算執行之後有剩餘，有了剩餘可作公共建設之用。不過，也有一部分人投資於不動產或流動性資產：如債券、股票、房地產、鑽石、珠寶等。

當股市熱絡，股價不斷上升而其報酬遠超過存款利息時，投資者就會投資於股市而不存銀行生息。超額儲蓄愈多，投資於股市的資金就會愈多，這對股價有促使其上升的作用。（參見圖6-3）

我們用超額儲蓄去解釋股價的變動，計量結果為：超額儲蓄對股價有很大的解釋能力，如果超額儲蓄增加1%，股價就會上升0.8307%，不過兩者有時差關係。（見附錄式(6-3)和式(6-4)）

無論用出超或超額儲蓄去說明股價之變動，其彈性係數均小於1，但接近1。

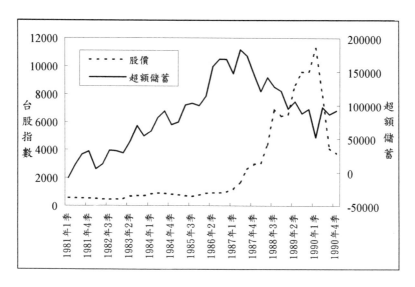

圖6-3 台股指數與超額儲蓄

(三)股價與匯率

　　1980年代末期，台灣股價暴漲與新台幣對美金匯率之升值幾乎是同時間發生的。新台幣升值幅度相當的大，因為新台幣升值是漸進的，不是一次的，這予投機者以機會，正如前面所述，投機者將美金匯入台灣，換成新台幣，從事股票炒作。因當時股價也是一路攀升，待一段時間後，把股市賺來的錢，再兌換成美金匯出台灣。當投機者將新台幣投入股市時，便增加了對股票的需求，有促使股價上漲的壓力。在政府與美國政府斷交時，也有人將大把鈔票變成美金，匯去美國。由於美金貶

值,這些錢又被匯回來,因無適當出路,大部分流入股市。

從(圖6-4)可見,股價序列與匯率序列(台灣外匯)成負的關係,也就是說:美金兌換的新台幣愈少,股價上升的幅度愈大。當匯率不再升值時,股價上升的幅度就較小些。

我們以迴歸式估計其函數關係,(參閱附錄式(6-5)和式(6-6))得的結果是:匯率變動(指美金1元兌換新台幣元數)與股價成反比關係,而且在統計上具很大的解釋能力。就式(6-5)而言,新台幣每升值一元(也就是美金兌換新台幣減少一元)股價就會上漲526.25點。由式(6-6)知,當匯率升值1%時,股價就上升6.0157%。不過,值得注意地,乃股價與匯率變動有時差的關係,也就是說當匯率變動6個月後,股價才有最大的變動。

(四)股價與外匯存底

貿易順差和資本帳淨流入二者的累積構成了外匯存底,無論從經濟規模或從貿易總額,台灣累積的外匯存底是相當的多。自1980年代下半期以來,在世界上屬第三位或第二位,而且台灣並沒有外債負擔,這更突顯外匯存底對於台灣之經濟意義了。

譬如,1982年外匯存底為85.32億美元,1986年便增加為463.10億美元,1987年增加為767.48億美元。之後數年,一直維持在700億美元左右。外匯增加之速,一方面與出超有關,另方面與外匯管理制度也有關。在1986年以前,外匯非經許可,不得持有。到1986年8月18日,政府對廠商因進出口貿易所需

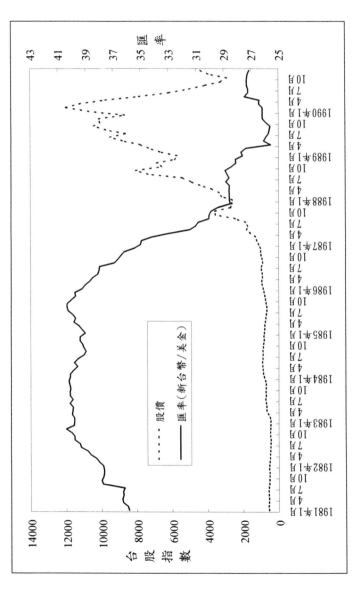

圖6-4 台股指數與匯率

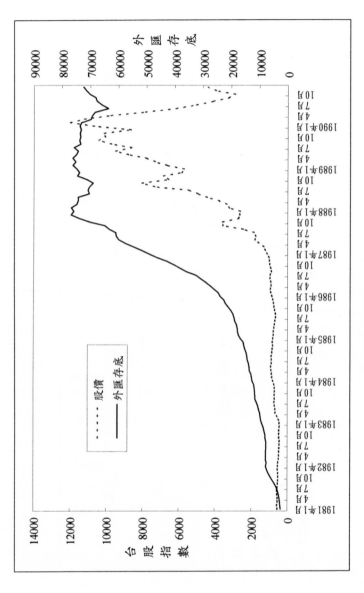

圖6-5 台股指數與外匯存底

外匯由許可制改為申報制。次年3月,又將無形貿易外匯管理,亦由許可制改為申報制。到該年7月以後,政府方准許民間自由持有或運用外匯,從事貿易活動,並准許個人或公司在一定額度內自由匯出或匯入外幣。

在台灣,外匯存底是貨幣的準備之一,外匯存底增加,會使貨幣供給量增加,從而對股價產生些影響。我們利用月資料,以迴歸式加以估計,得出的結果是:外匯存底與股價不但是正的關係,而且外匯存底對股價有很大的解釋能力,即外匯存底增加一百萬美元,股價指數即上升0.0983點。同時,兩者有時差關係,即外匯存底先變動,六個月後對股價有最大的影響。(參見附錄式(6-7))式(6-8))也表示:外匯每變動1%,股價即變動0.9320%,同時彼此有6個月的時差。

(五)股價與貨幣供給

在理論上,貨幣數量與股價應有密切的關係,而貨幣數量受制於政策工具的變動,如公開市場操作,重貼現率,存款準備率及貨幣發行。同時外匯存底的變動對貨幣數量也有影響。我們在這裡不討論這些政策變數對貨幣數量的影響,而是討論貨幣供給與股價的關係。

投資者有資金時,一則存放銀行生息,無風險,除非物價上漲太兇;一則投資於資產,股票是獲利或虧本最直接的方式,風險大,有時利潤也大。如果利率低於由買賣股票所獲利益,很多投資者就會買賣股票;如果利率高出很多,很多人就會將

資金存放銀行。

　　貨幣供給有M$_2$和M$_{1b}$之分。前者包括流通中的貨幣，活期存款，定期存款，儲蓄存款；後者不包括定期存款和儲蓄存款。當股價持續上漲時，投資者會將定期及儲蓄存款改為活期存款。M$_{1b}$的增減代表用於買賣股票貨幣數量的變化。

政策工具：

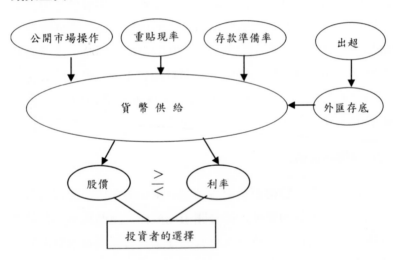

　　因為我們的觀察是股價持續上漲的時期，因此我們捨M$_2$而用M$_{1b}$。兩者之關係可由圖6-6表示出來。在1980年代後期，亦即股價飆漲期間，M$_{1b}$季增長率大部分維持在30%以上的水準，最高時，曾達到51%以上。1980年代前期，股價增長率不高，M$_{1b}$的季增長率很少超過20%。至於M$_2$之季增長率在1980年的

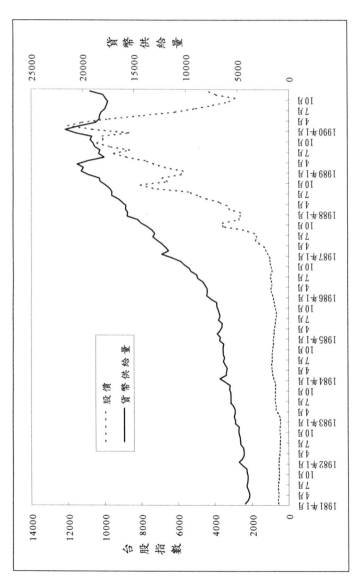

圖6-6 台股指數與貨幣供給量

前期與後期大致上都維持在20%上下波動，此與M_{1b}完全不同。到1989年，也就是泡沫經濟崩潰之前，M_{1b}的成長遲緩，由該年第一季的30%驟降到第二季的7.4%，到1990年2月時，M_{1b}的增長變成負值，這也就是說，當股市泡沫破滅時，投資者就會將存款由活期改為定期，而且利率已由兩年前的4.20%漲到7.75%了。

通常貨幣供給與物價變動有密切關係，可是在1980年代後期，儘管貨幣供給增加率很高，甚至高達51%，但是物價並未因此而上漲，這到底是什麼原因？可能的解釋是：(1)新台幣對美元大幅升值，凡進口產品的物價也都下降，(2)國際物價

表6-1 貨幣供給與物價變動

單位：%

年	貨幣供給增加率		物價變動		
	M_2	M_{1b}	P_C	P_W	P_M
1985	23.4	12.2	-0.2	-2.6	133.13
1986	25.3	51.4	0.7	-3.3	115.79
1987	26.6	37.8	0.8	-3.3	107.28
1988	17.9	24.4	1.3	-1.6	106.22
1989	15.3	4.1	4.4	-0.4	100.52
1990	9.9	-6.6	4.1	-0.6	102.89

表中：P_C為消費者物價指數，P_W為躉售物價指數，P_M為進口物價。

十分平穩，重要物資無短缺現象，(3)大量的貨幣用來炒股票、房地產、賭博(如六合彩)。無論消費者物價指數或躉售物價指數不漲反而下跌。一直到1988年，消費者物價始有小幅上升。不過，直到1990年股市泡沫破滅之前，房地產價格卻是暴漲的。因為房地產價格並不包含在消費者物價與躉售物價之內，故對這兩種物價無直接影響[5]。

關於貨幣供給與股價的關係，圖6-6提供一個清楚的畫面。當將兩者加以迴歸時，則發現：M_{1b}與股價呈正相關，亦即當貨幣供給增加，股價會上升，上升的幅度是：貨幣供給每增加1%，則股價將上升1.7577%。而且貨幣供給對股價的解釋能力很大。(參見附錄式(6-10))

已如前述，貨幣供給增加，會使利率下降，當利率水準引不起投資者的興趣時，他們就會投資於股市，在股票供給有限的情況下，就會使股價上漲。當然，股價之變動，除了這些基本因素外，消息面的因素，也會影響股價的變動，特別是當股價暴漲太兇猛時，任何「利空」的消息，都會使股價狂跌。

(六)股價與利率

貨幣供給增加會使股價上升，同時也會使利率下降，當利率下降程度很大時，投資者會將資金投入股市，也會使股價上

---

5 社會大眾多誤解房地產價格為消費者物價的構成因素。事實上，利用房地產所付之租金才是消費者物價指數的構成因素。

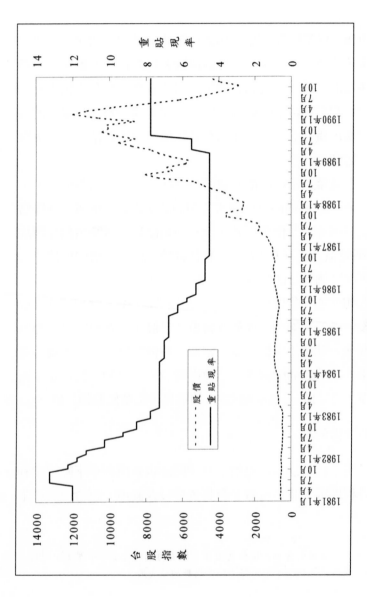

圖6-7 台股指數與重貼現率

升。根據這個道理，我們利用貼現率代表利率，然後，將它與股價迴歸起來，其結果為：利率與股價呈負相關，即利率高時，股價會下跌，反之，股價會上升，而且利率在解釋股價時，在統計上頗為顯著。從迴歸式中，可見到當利率變動1%時，股價會變動-1.3527%。（參見附錄式(6-11)和式(6-12)）

(七)股價與物價

1980年代後半期，貨幣供給增加率相當的高，但對物價並未產生上漲的壓力，而股價都是一路飆漲。到底物價與股價有何關聯？從圖6-8也很難看出它們之間的關係，我們將股價與物價加以迴歸，所得結果為：物價與股價成正的關係，而且用物價解釋股價，在統計上頗顯著（參見附錄式(6-14)）。從式(6-14)我們發現：物價變動1%時，股價會變動18.5012%。

(八)股價與國民生產毛額

國民生產毛額之成長，表示各業生產有較高的增長，也顯示廠商有較多的獲利，資本報酬率會相應地提高。因而反映在股票上，會有較高的市場價值，股價便有上揚之勢。在1980年代，經濟平均成長率為7.96%，可謂相當高，其中，1984，1986，1987年之成長率超過10%。由圖6-9可見其走勢並非完全相同。至於股價與國民生產毛額的迴歸關係，則為：兩者呈正相關，而且在統計上具顯著性。如果GNP變動1%，則股價會變動3.7924%。（參見附錄式(6-15)，式(6-16)）

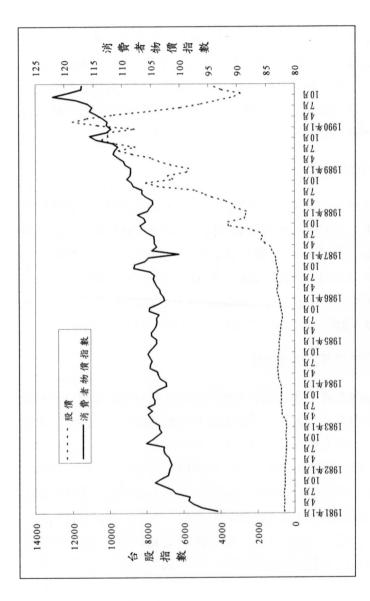

圖6-8 台股指數與消費者物價指數

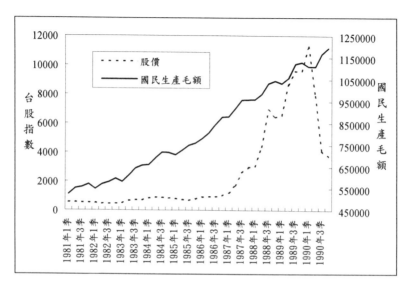

圖6-9 台股指數與國民生產毛額

　　由於國民生產毛額沒有月資料，我們可用工業生產指數代替之。我們將工業生產指數與股價進行迴歸，則得到的結果是：工業生產指數與股價是正相關，而且工業生產指數較國民生產毛額有更大之解釋力，如工業生產數變動1%，則股價變動4.0079%。（見附錄式(6-17)和式(6-18)）

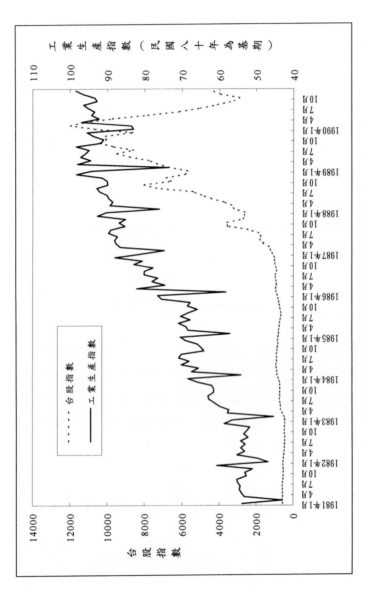

圖6-10 台股指數與工業生產指數

(九)台灣股價與美、日股價

　　台灣股市是否會受美、日股市的影響，它取決於台灣股市國際化程度、股市資訊的程度，以及心理因素影響的大小。在美國曾有1987年10月紐約股市崩盤的黑色星期一，亦即紐約股市的崩盤馬上影響到東京股市，東京股市也跟著暴跌。在同時間，台灣股市也有暴跌現象，亦即前面所分析的次泡沫，但為期不久，股價又飆漲起來，到1990年10月紐約股價曾有小幅度之下跌，不過東京股價卻有相當大幅度之下跌。無論東京股價或是紐約股價之下跌，均不及台灣股價下跌之嚴重程度。如圖6-11和圖6-12所繪。

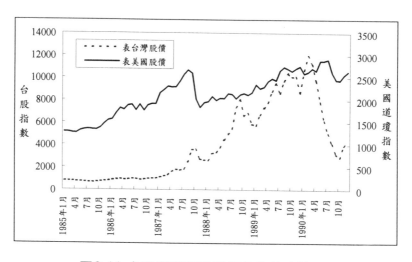

圖6-11 台股與美國道瓊指數趨勢比較圖

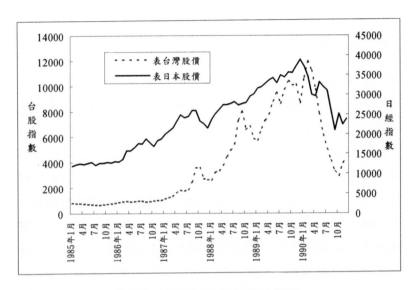

圖6-12 台股與日經指數比較圖

　　我們利用1982年1月~1990年12月的月資料進行分析，台灣股價與美國紐約股價的Pearson相關係數高達0.7730。迴歸分析的結果，美國紐約股價對台灣股價具有很高的解釋能力。從迴歸係數上得知，美國紐約股價指數上漲一個點數，對台灣股價指數的影響會上漲3.9727個點數；如從百分比的變動分析，美國紐約股價變動1%，台灣股價就會變動2.4314%。

　　日本東京股市的日經指數是否對台灣股價亦具有影響，我們亦利用1985年1月~1990年12月的月資料進行分析，這兩個市場的Pearson相關係數高達0.8997，高過台灣股價與美國紐約股價之相關係數值。所進行的迴歸分析，其結果具有更高的解釋

能力,也就是說台灣股價受日本東京股市的影響程度尤甚於美國的紐約股市。從迴歸係數上顯示,東京日經股價指數變動一個點數時,台灣股價指數就會變動0.3927個點數;從彈性觀點,東京日經股價變動1%時,台灣股價指數就會變動2.5860%。

(十)股價與外資

外資通常不是散戶,而是基金或大戶,它對股價是否有穩定作用,要看這個國家的基本面是否健康:首先是這個國家的經濟成長率,外債負擔,進出口差額,外匯存底,再就是某些產業對外的競爭力。如果這個國家的經濟很健康,外資就會逢高賣出,逢低買進。逢高賣出,就會抑制股價的持續上漲;逢低買進,就會使股價停止下跌。如果這個國家的經濟基本面不健全,外資對其失去信心,那就會有「逢低時賣出」現象,這會使股價的下跌「雪上加霜」。

一般基金對於投資都很謹慎。它們對市場的分析能力較高,對經濟的基本面有較多的瞭解與重視,對於「趁機撈一筆」的想法不多,可是國際投機客的作為就不同。他們喜歡「逢高追高」,「逢低殺低」。這種行為就會使股市狂飆,導致崩盤現象。股市崩盤,最易被套牢的是散戶,因為他們沒有直接影響股價的能力。

基本上,於1980年代後期我國對外資來華投資證券市場仍未完全開放。1982年財政部擬定引進僑外資金投資國內證券市場的三個階段,1983年第一階段是開放間接投資國內證券,准

許國內四家投信公司(國際、光華、建弘與中華)至國外募集資金投資國內股市,於1986年底時共募得1.56億美元。是項資金不及股市交易的1%,對股市可以說沒有任何的影響作用。1991年起第二階段准許外國機構投資者直接投資國內股市,並於1991年3月5日核准香港怡富公司申請投資台灣股市案。由此顯示,在1980年代後期台灣股市暴漲暴跌時期,外資並沒有直接參與盛會。

(十一)股價與預期心理

股票與其他商品價格之波動,最大不同處,即股價變動無經濟循環現象,但是股價變動的前後期卻有極為密切的關係。無論國內股市或國際股市,預期心理因素是個重要因素,儘管預期心理包括的因素很多,諸如最近股價的走勢,投資者對未來的看法,它又包括經濟的、非經濟的、國內的、國際的,但最近股價的走勢對投資者的影響最大,因為人們多是靠經驗來作決定的,尤其最近的經驗更為重要。如果最近的走勢很強,投資者會相信這種走勢還會持續一段時間,不會馬上煞車;如果最近的走勢很弱,或者小漲也有小跌,投資者會相信股價波動處於穩定狀態。況且在股市中,有一種非理性的投機客,他們的作法是逢高追高,逢低殺低,這種想法與作法,使股價的前後期關係更加密切。

至於投資者對未來的看法,那就比較複雜了。有人來的看法對未來掌握的資訊比較多,他的判斷之失誤性較小;如果對

未來掌握資訊不多，或者專靠道聽途說，他的判斷之失誤性會
很大。在一個政治制度健全的社會，政治人物的一言一行，對
股價波動影響不大，因爲他不是左右股價的主要力量；但在一
個政治制度尚不健全的社會，政治人物之一言一行，對股價就
會有很大的影響。可是，這些具影響的非經濟因素卻無數據可
查，也就無代替變數可考。在納入思考的模式時，就難免看法
紛陳了。比較之下，前期股價可作爲股價波動的預期心理變數。
茲就近年來台灣股價的前後期作一簡單的迴歸分析，我們發現
前期的一個點數，對當期股價有0.983的顯著地影響作用；若以
彈性的方式表示，前期對當期具有0.9958%的變動效果。（見附
錄式(6-23)和式(6-24)）有關前後期股價之間的變動關係，如圖
6-13所示。

（十二）股價的最後決定式

在前面，我們考慮到貿易順差或超額儲蓄、匯率、外匯存
底、貨幣供給、利率、物價、國民生產毛額與工業生產指數，
在理論上與股價的關係。爲了求證它們的關係，我們進行了簡
單的迴歸分析，所獲結果，這些變數與股價的關係，不僅符合
先驗的要求，而且在統計上都具解釋能力。

不過必須指出的，這些變數本身也存有密切的關係，此可
由圖6-14看出。從圖上可以瞭解，對股價的決定，貨幣供給是
個相當重要的因素；而貨幣供給又受到出超或超額儲蓄、外匯
存底的影響。匯率也是個影響股價的一個重要因素，而匯率受

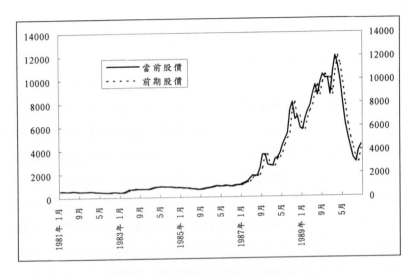

圖6-13 前期與當期股價變動圖

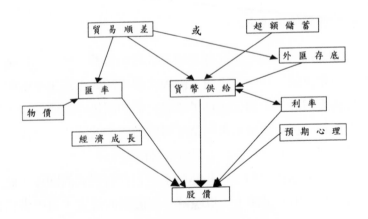

圖6-14 總體經濟變數之間的關係

物價（或通貨膨脹）和貿易順差的影響。正如前面所述，利率與股價有「魚與熊掌不可兼得」的關係。利率升降會影響股價之降升。

近年來，由於金融趨向國際化，外資透過匯率之變動也會對股價產生影響。經濟成長可表示總體經濟的變動情況，對股價會有影響。至於預期心理，它一向被視為影響股價的關鍵因素，在本章中，我們以前期股價為替代變數，並將引進到股價的決定式。

事實上，表6-2與表6-3所陳列的季資料可顯示出變數之間的關係。我們利用Pearson相關係數的方式，對1980年代的季資料和月資料，求出台灣股價分別與匯率、外匯存底、貨幣供給（M_{1b}）、重貼現率、消費者物價指數、工業生產指數或國民生產毛額之間的相關係數。獲得如表6-4、表6-5與表6-6所提供之資訊。

表6-2 台股股價與重要經濟變數之季資料

年與季	台股指數	超額儲蓄（百萬元）	貿易順差（百萬元）	匯率	外匯存底（百萬美元）	M_{1b}（億元）	消費者物價指數	重貼現率（%）
1981年1季	562.60	-8702	-26278	35.95	2665	3819	95.73	11.96
1981年2季	565.08	10968	5627	36.36	3339	4090	99.13	12.22
1981年3季	541.61	25961	28961	37.06	5216	3967	102.80	13.25
1981年4季	526.08	30735	27907	37.80	7235	4505	102.35	12.38
1982年1季	520.72	4612	16934	37.91	7711	4338	101.56	11.57
1982年2季	471.59	11893	24260	38.78	7525	4650	102.37	10.43
1982年3季	453.36	32230	31996	39.65	7897	4791	104.40	9.26
1982年4季	463.09	31397	24607	40.15	8532	5163	103.51	8.48
1983年1季	490.96	28401	30149	39.91	9585	5187	104.35	7.66
1983年2季	682.64	45997	62762	40.03	10443	5609	105.23	7.25
1983年3季	727.04	69280	53840	40.12	11446	5623	104.39	7.25
1983年4季	716.57	53742	34674	40.19	11859	6114	103.48	7.25
1984年1季	846.64	60778	61513	40.15	12910	6021	103.10	7.25
1984年2季	910.69	81264	81534	39.77	13765	6321	104.65	7.11
1984年3季	891.89	91362	61295	39.21	14571	6342	105.10	7.00
1984年4季	840.41	70802	58088	39.36	15664	6680	104.47	6.90
1985年1季	800.82	74722	58969	39.30	17614	6640	104.56	6.75
1985年2季	733.56	100573	89148	39.82	18557	6809	104.08	6.67
1985年3季	675.37	103096	96965	40.31	20001	6842	104.24	6.17
1985年4季	772.58	99460	96401	39.99	22556	7495	103.78	5.54
1986年1季	913.43	113803	112012	39.24	26027	7884	103.14	5.10
1986年2季	932.70	157501	128753	38.38	30851	8785	104.23	4.75
1986年3季	930.34	168444	158621	37.47	38205	9638	105.80	4.75
1986年4季	1002.33	167987	165790	36.29	46310	11349	106.38	4.55
1987年1季	1213.90	146911	143293	34.98	54505	11909	102.94	4.50
1987年2季	1716.43	182695	147971	32.39	60717	13153	104.36	4.50
1987年3季	2625.51	173422	158586	30.53	64903	13713	106.32	4.50
1987年4季	2983.93	146541	111593	29.58	76748	15631	106.47	4.50
1988年1季	3054.40	121013	79014	28.61	74756	15733	105.09	4.50
1988年2季	4386.70	141327	124796	28.68	70326	17147	105.70	4.50
1988年3季	6942.20	127599	80793	28.77	69005	17733	107.63	4.50
1988年4季	6429.50	121566	93364	28.39	73897	19452	108.74	4.50
1989年1季	6571.30	95102	71869	27.65	75156	20514	109.21	4.50
1989年2季	8692.37	105819	74647	26.27	74348	18416	111.12	5.50
1989年3季	9584.27	88033	80406	25.74	73801	18947	112.27	6.47
1989年4季	9615.16	94527	68393	25.97	73224	20629	113.39	7.75
1990年1季	11294.60	52110	24815	26.18	69761	18725	112.84	7.75
1990年2季	7915.59	97330	45769	26.91	63631	18156	115.12	7.75
1990年3季	4131.66	86629	83797	27.25	68090	17509	118.64	7.75
1990年4季	3759.32	92292	60254	27.23	72441	19256	117.81	7.75

資料來源：中央銀行經濟研究處編的《金融統計月報》，台灣證券交易所的《證券統計資料》，行政院主計處的《國民經濟動向統計季報》。

表6-3 台股股價與重要經濟變數之季成長率

單位：%

年代	台股指數	超額儲蓄	貿易順差	匯率	外匯存底	M_{1b}	cpi	GNP	重貼現率
1982年1季	-7.44	-153.00	-164.44	5.45	189.34	13.59	6.09	4.54	-3.26
1982年2季	-16.55	8.43	331.14	6.66	125.37	13.69	3.27	3.27	-14.65
1982年3季	-16.29	24.15	10.48	6.99	51.40	20.77	1.56	4.05	-30.11
1982年4季	-11.97	2.15	-11.83	6.22	17.93	14.61	1.13	4.38	-31.50
1983年1季	-5.72	515.81	78.04	5.28	24.30	19.57	2.75	6.07	-33.79
1983年2季	44.75	286.76	158.71	3.22	38.78	20.62	2.79	7.18	-30.49
1983年3季	60.37	114.96	68.27	1.19	44.94	17.37	-0.01	10.91	-21.71
1983年4季	54.74	71.17	40.91	0.10	38.99	18.42	-0.03	10.22	-14.50
1984年1季	72.45	114.00	104.03	0.60	34.69	16.08	-1.20	13.40	-5.35
1984年2季	33.41	76.67	29.91	-0.65	31.81	12.69	-0.55	13.01	-1.93
1984年3季	22.67	31.87	13.85	-2.27	27.30	12.79	0.68	11.41	-3.45
1984年4季	17.28	31.74	67.53	-2.07	32.09	9.26	0.96	8.90	-4.83
1985年1季	-5.41	22.94	-4.14	-2.12	36.44	10.28	1.42	6.84	-6.90
1985年2季	-19.45	23.76	9.34	0.13	34.81	7.72	-0.54	5.16	-6.19
1985年3季	-24.28	12.84	58.19	2.81	37.27	7.88	-0.82	4.32	-11.86
1985年4季	-8.07	40.48	65.96	1.60	44.00	12.20	-0.66	6.01	-19.71
1986年1季	14.06	52.30	89.95	-0.15	47.76	18.73	-1.36	10.56	-24.44
1986年2季	27.15	56.60	44.43	-3.62	66.25	29.02	0.14	10.97	-28.79
1986年3季	37.75	63.39	63.59	-7.05	91.02	40.87	1.50	12.87	-23.01
1986年4季	29.74	68.90	71.98	-9.25	105.31	51.42	2.51	15.73	-17.87
1987年1季	32.90	29.09	27.93	-10.86	109.42	51.05	-0.19	12.93	-11.76
1987年2季	84.03	16.00	14.93	-15.61	96.81	49.72	0.12	13.78	-5.26
1987年3季	182.21	2.96	-0.02	-18.52	69.88	42.28	0.49	13.38	-5.26
1987年4季	197.70	-12.77	-32.69	-18.49	65.73	37.73	0.08	9.18	-1.10
1988年1季	151.62	-17.63	-44.86	-18.21	37.15	32.11	2.09	9.04	0.00
1988年2季	155.57	-22.64	-15.66	-11.45	15.83	30.37	1.28	7.41	0.00
1988年3季	164.41	-26.42	-49.05	-5.76	6.32	29.32	1.23	7.94	0.00
1988年4季	115.47	-17.04	-16.34	-4.02	-3.72	24.45	2.13	8.97	0.00
1989年1季	115.14	-21.41	-9.04	-3.36	0.54	30.39	3.92	7.71	0.00
1989年2季	98.15	-25.13	-40.19	-8.40	5.72	7.40	5.13	7.40	22.22
1989年3季	38.06	-31.01	-0.48	-10.53	6.95	6.85	4.31	8.61	43.78
1989年4季	49.55	-22.24	-26.75	-8.52	-0.91	6.05	4.28	8.15	72.22
1990年1季	71.88	-45.21	-65.47	-5.32	-7.18	-8.72	3.32	7.38	72.22
1990年2季	-8.94	-8.02	-38.69	2.44	-14.42	-1.41	3.60	4.98	40.91
1990年3季	-56.89	-1.60	4.22	5.87	-7.74	-7.59	5.67	4.13	19.78
1990年4季	-60.90	-2.36	-11.90	4.85	-1.07	-6.66	3.90	5.77	0.00

資料來源：同表6-2。

　　表6-4為季資料變數相關係數。股價指數與M_{1b}、GNP呈正相關，相關係數在0.8以上；與外匯存底及物價指數之相關係數則在0.8與0.7之間。股價與匯率呈負相關，其係數高達0.8782。股價與其餘各變數：超額儲蓄、貿易順差、和重貼現率的相關係數均低於0.3。

表6-4　1980年代季資料台股指數與主要經濟變數之間的
　　　　Pearson相關係數

	台股指數	超額儲蓄	貿易順差	匯率	外匯存底	M_{1b}	物價指數	重貼現率	GNP
台股指數	1.0000								
超額儲蓄	0.2079	1.0000							
貿易順差	0.0330	0.9480	1.0000						
匯率	-0.8782	-0.3500	-0.1683	1.0000					
外匯存底	0.7886	0.6464	0.4893	-0.9223	1.0000				
M_{1b}	0.8707	0.5370	0.3670	-0.9436	0.9771	1.0000			
物價指數	0.7395	0.3023	0.1866	-0.7359	0.7289	0.8036	1.0000		
重貼現率	-0.2592	-0.8711	-0.8174	0.2883	-0.6149	-0.5374	-0.2984	1.0000	
GNP	0.8178	0.6105	0.4537	-0.8920	0.9579	0.9725	0.8574	-0.5779	1.0000

資料來源：本研究。

　　我們再看看，除股價之外的其他變數的相關情形。超額儲蓄與貿易順差有高的正相關，其係數為0.9480；與其他變數的相關係數是：以與重貼現率為最高，為-0.8711，與外匯存底為0.6464；與GNP為0.6105，與M_{1b}為0.5370；與匯率、物價指數之相關係數不大，均在0.35和0.30之間。匯率與外匯存底、M_{1b}

及GNP之相關係數均超過0.87以上；但與重貼現率相關係數不
大。外匯存底與M_{1b}、GNP的相關係數很高，均超過0.95；與物
價指數、重貼現率的相關係數也夠高。M_{1b}與GNP、物價指數
的相關係數為最高，均超過0.8，與重貼現率之相關係數也不低。
物價指數與GNP之相關係數為最高，為0.8574。至於重貼現率，
它與GNP呈負相關，其相關係數為0.5779。至於所用的月資料，
所求出的相關係數，可參閱表6-5，其符號與數值大致上與季
資料之結果相似。

表6-5　1980~90年月資料台股指數與主要經濟變數之間
　　　　的Pearson相關係數

	台股指數	匯率	外匯存底	M_{1b}	重貼現率	物價指數	工業生產指數
台股指數	1.0000						
匯率	-0.8662	1.0000					
外匯存底	0.7993	-0.9373	1.0000				
M_{1b}	0.8742	-0.9493	0.9774	1.0000			
重貼現率	-0.2339	0.2870	-0.5848	-0.5037	1.0000		
物價指數	0.7184	-0.7175	0.721	0.7874	-0.2770	1.0000	
工業生產指數	0.7242	-0.8332	0.9286	0.914	-0.6452	0.7317	1.0000

資料來源：本研究。

　　對於可能影響台灣股價的變數，一方面根據總體經濟理
論，一方面根據Pearson相關係數之實證分析，我們可瞭解到貨
幣供給量之大小受匯率(負相關)與外匯存底(正相關)的影響為
最大，因為這三個變數間存有較高的相關。因此在考慮股價的

決定因素時，為恐直線性現象作祟，我們僅選擇貨幣供給(M_{1b})
與匯率來解釋股價的變動。同時，我們也考慮到利率而取貨幣
供給作為股價的決定因素。復根據前面的考慮，GNP成長率是
基本面最重要的變數，必須將它包括在股價決定式之內，在月
資料應用下，以工業生產指數替代之。我們同時亦將物價因素
納入一起討論。

　　我們利用複迴歸分析，求得的結果是：這四個解釋性變數
貨幣供給(M_{1b})、匯率、物價和工業生產指數增長率，都是解
釋股價變動最重要的變數，它們的相關係數正確，而且在統計
上，具顯著性，也就是具很大的解釋能力。（參見表6-6）

表6-6 雙對數型態月資料台股股價決定式

	型態一	型態二	型態三	型態四
截距	17.3592 (2.84)	21.4429 (3.41)	6.9523 (2.78)	5.8458 (2.02)
匯率$_{t-6}$	-2.8067 (-7.05)	-3.3551 (-7.19)	-2.7742 (-6.69)	-0.2245 (-0.89)
$(M_{1b})_{t-3}$	1.2305 (11.77)	1.1101 (9.49)	1.1197 (9.35)	0.2098 (3.09)
消費者物價指數	-2.4113 (-2.25)	-2.6454 (-2.50)		-1.3298 (-2.81)
工業生產指數 增長率		0.0079 (2.16)	0.0070 (1.87)	0.0020 (1.20)
股價$_{t-1}$				0.8999 (20.54)
$\overline{R}^2$	0.9483	0.9501	0.9490	0.9902
F	655.49	510.11	645.50	2160.47

資料來源：本研究。
註：括號內之數字為t值。

從實證結果，我們知道，當其他條件不變，而貨幣供給變動1%時，股價會變動1.1101%；當匯率變動1%時，股價會變動-3.3551%；當工業生產指數增長率變動1%時，股價會變動0.0079%。當消費者物價指數變動1%時，股價會變動-2.6454%。例如在其他情況為一定時，貨幣供給增加10%時，股價會上升11.101%。若將前期股價納入當作解釋變數，迴歸分析的結果就產生很大差異。雖然上述四個變數的符號與理論預期相一致，但匯率與工業生產指數增長率不具有顯著地參數估計，而貨幣供給的參數估計卻大幅下降。這也就是說，模式中包括前期股價為解釋變數時，前期股價對模式的解釋能力具有壓倒性的優勢。由圖6-15可看出在觀察期間，股價實際值與迴歸估計值走勢的情形。

(十三)房地產價格決定之實證分析

在台灣，房地產價格資料既不完整，又無統一之編製，在應用時有捉襟見肘之感。在前面的分析中，我們再三強調，在1980年代下半期，它與股價齊飛。由於代表全省房地產價格之難覓，我們祇能利用大台北地區的房價來代表台灣的房地產價格，作實證分析。

我們前面提到1980年代的房地產價格與股價類似孿生兄弟般，它們的走勢亦步亦趨，非常親密。按照理論與常理，房價的高低深受貨幣供給與利率的影響，因為利率水準的高低直接影響到住宅購置，還款利息的負擔。利率水準愈高，利息負擔

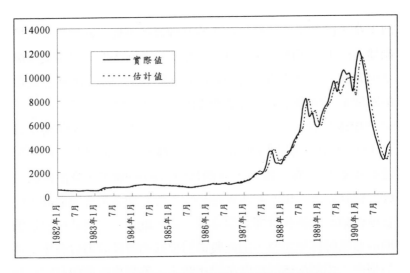

圖6-15　1980年代台灣股價實際值與估計值

也就愈重，購買房屋的需求因而就愈少，利率與房價的關係是
負的。除了利率因素外，購買者亦會考量貸款期限的長短與貸
款成數的高低等一些融資條件，而這些條件通常與貨幣供給的
關係密切。若貨幣供給寬鬆，住宅購買的融資條件，如利率、
還款期限與貸款成數相對性地較優厚；反之，則較嚴苛。如此
說來，貨幣供給量與房價的變動理應呈現同方向的變動，而利
率水準的高低亦受貨幣供給的影響，如此我們便可以貨幣供給
代表金融面的狀況進行分析。

　　1980年代的總體經濟失衡現象可以說係先來自超額輸出的
結果。超額輸出致使外匯存底增加，匯率下降(新台幣升值)，
進而貨幣供給增加。在另一方面，超額輸出的意義為產品在台

灣生產，創造所得，但卻在國外消費，國內被迫強行儲蓄。超額儲蓄所創造出的多餘游資，自然就會流到房地產市場，而使房價飆漲。房地產價格飆漲的總體經濟分析的理論架構，就是以本章第一節所建構的為主體。

　　1980年代大台北地區房價的變動情形可以二個階段來論述，在1986年以前為房價平穩階段，平均每坪價格於5.0~6.5萬元之間游走，1987年以後房價便為遞增式的飆漲，從平均每坪6萬元飆漲起，到1990年為該階段的最高點，達每坪27.864萬元。房地產飆漲的期間卻與股價飆漲的期間完全一致，各年或季間的漲幅趨勢亦是類似，這就是為什麼我們把股價與房地產價稱為1980年代泡沫經濟的孿生兄弟最主要的理由。（參見表6-7與表6-8）

　　至於超額儲蓄率在最高峰的1986年與1987年，恰好為房價開始飆漲的時間，房價飆漲的主要時間超額儲蓄率反而呈現下降的走勢。然而我們必須瞭解超額儲蓄為流量的概念，它會使資產因流量不斷的注入而提增。代表貨幣供給的M_{1b}，於1986年第一季以後，其成長率從不及20%變為超過30%，似對房價的飆漲具有領先指標之涵義。民間利率在1988年以前都呈下降走勢，對住宅需求的增加有正面的作用。由於房價與股價、貨幣供給的關係密切，我們特別將其走勢繪圖表示之。（參見圖6-16與圖6-17）

表6-7　1980年代大台北地區房價與重要經濟變數資料一覽表

年季	房價 (萬元/坪)	股價	超額儲蓄率 (%)	M_{1b} (億元)	民間利率 (%)
1982 年 1 季	6.667	520.72	1.01	4338	29.66
1982 年 2 季	6.531	471.59	2.52	4650	28.94
1982 年 3 季	6.142	453.36	6.69	4791	28.21
1982 年 4 季	6.448	463.09	6.40	5163	28.23
1983 年 1 季	6.352	490.96	5.74	5187	28.25
1983 年 2 季	5.983	682.64	8.85	5609	27.42
1983 年 3 季	5.864	727.04	12.82	5623	27.35
1983 年 4 季	6.202	716.57	9.80	6114	27.43
1984 年 1 季	6.122	846.64	10.78	6021	27.71
1984 年 2 季	6.182	910.69	13.72	6321	26.96
1984 年 3 季	6.302	891.89	14.98	6342	26.47
1984 年 4 季	6.446	840.41	11.75	6680	26.09
1985 年 1 季	5.824	800.82	12.18	6640	25.90
1985 年 2 季	6.048	733.56	16.12	6809	25.49
1985 年 3 季	6.076	675.37	16.20	6842	25.29
1985 年 4 季	5.932	772.58	15.50	7495	24.81
1986 年 1 季	5.887	913.43	16.44	7884	23.87
1986 年 2 季	6.102	932.70	22.17	8785	23.02
1986 年 3 季	5.892	930.34	22.47	9638	22.88
1986 年 4 季	6.089	1002.33	21.72	11349	22.58
1987 年 1 季	6.303	1213.90	18.34	11909	21.71
1987 年 2 季	7.521	1716.43	22.53	13153	21.56
1987 年 3 季	8.547	2625.51	20.47	13713	21.65
1987 年 4 季	9.549	2983.93	17.36	15631	21.53
1988 年 1 季	10.904	3054.40	13.87	15733	21.68
1988 年 2 季	12.526	4386.70	16.08	17147	21.75
1988 年 3 季	16.947	6942.20	13.85	17733	21.53
1988 年 4 季	20.677	6429.50	12.95	19452	22.07
1989 年 1 季	21.815	6571.30	9.79	20514	22.31
1989 年 2 季	24.473	8692.37	10.90	18416	24.60
1989 年 3 季	26.589	9584.27	8.50	18947	23.44
1989 年 4 季	27.544	9615.16	8.98	20629	23.05
1990 年 1 季	28.494	11294.60	4.83	18725	23.63
1990 年 2 季	28.786	7915.59	9.17	18156	24.44
1990 年 3 季	27.864	4131.66	7.66	17509	24.06
1990 年 4 季	27.211	3759.32	8.09	19256	24.46

資料來源：中央銀行經濟研究處編的《金融統計月報》，台灣證券交易所的《證券統計資料》，房價資料取自楊忠欽的 1992 年文。

表6-8 1980年代大台北地區房價與重要經濟變數之成長率

單位：%

年季	房價	股價	M1b	民間利率
1983年1季	-4.73	-5.72	19.57	-4.75
1983年2季	-8.39	44.75	20.62	-5.25
1983年3季	-4.53	60.37	17.37	-3.05
1983年4季	-3.82	54.74	18.42	-2.83
1984年1季	-3.62	72.45	16.08	-1.91
1984年2季	3.33	33.41	12.69	-1.68
1984年3季	7.47	22.67	12.79	-3.22
1984年4季	3.93	17.28	9.26	-4.89
1985年1季	-4.87	-5.41	10.28	-6.53
1985年2季	-2.17	-19.45	7.72	-5.45
1985年3季	-3.59	-24.28	7.88	-4.46
1985年4季	-7.97	-8.07	12.20	-4.91
1986年1季	1.08	14.06	18.73	-7.84
1986年2季	0.89	27.15	29.02	-9.69
1986年3季	-3.03	37.75	40.87	-9.53
1986年4季	2.65	29.74	51.42	-8.99
1987年1季	7.07	32.90	51.05	-9.05
1987年2季	23.26	84.03	49.72	-6.34
1987年3季	45.06	182.21	42.28	-5.38
1987年4季	56.82	197.70	37.73	-4.65
1988年1季	73.00	151.62	32.11	-0.14
1988年2季	66.55	155.57	30.37	0.88
1988年3季	98.28	164.41	29.32	-0.55
1988年4季	116.54	115.47	24.45	2.51
1989年1季	100.06	115.14	30.39	2.91
1989年2季	95.38	98.15	7.40	13.10
1989年3季	56.90	38.06	6.85	8.87
1989年4季	33.21	49.55	6.05	4.44
1990年1季	30.62	71.88	-8.72	5.92
1990年2季	17.62	-8.94	-1.41	-0.65
1990年3季	4.80	-56.89	-7.59	2.65
1990年4季	-1.21	-60.90	-6.66	6.12

資料來源：同表6-7。

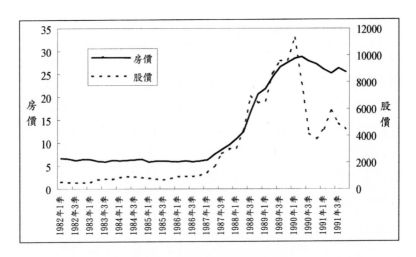

圖6-16 房價與股價變動圖

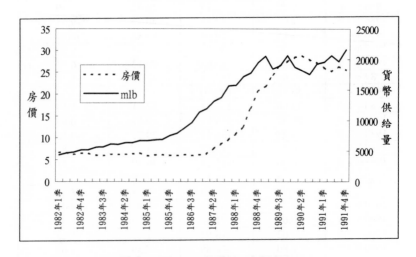

圖6-17 房價與貨幣供給變動圖

我們利用簡單迴歸式求取股價對房價的解釋能力。結果發現當期股價並不是解釋房價的最適當變數，但前期股價對房價就有很好的解釋能力，解釋程度高達九成。（參見附錄式（6-25）、式（6-26）與式（6-27））當我們用前期股價解釋房價時，其在統計上的顯著性較利用當期股價和前期股價一起來解釋房價之變動還要大。（參見附錄式（6-25）與式（6-27））房價與股價之間是正相關的，股價每上漲一點，對房價平均就有0.0026萬元上漲的貢獻。按照彈性解釋，如股價變動1%時，則房價變動0.5644%。

我們也嘗試用貨幣供給去解釋房價，前期貨幣供給對大台北地區房價有較大的解釋能力。（參見附錄式（6-28）和式（6-29））貨幣供給增加百萬新台幣時，房價每坪平均便上漲0.0014萬元。按彈性方式來解釋，貨幣供給變動1%時，房價就變動0.8970%。

由於股價與貨幣供給對房價都為重要的影響力，最後，我們就建立一個以貨幣供給與股價為說明房價的複迴歸式。在此迴歸式中，無論貨幣供給或股價都是前期的，其結果顯示：前期貨幣供給與前期股價對大台北地區房價之解釋能力，在統計上都具顯著性。（參見附錄式（6-30））有關房價實際值與估計值之比較情形如圖6-18所示。

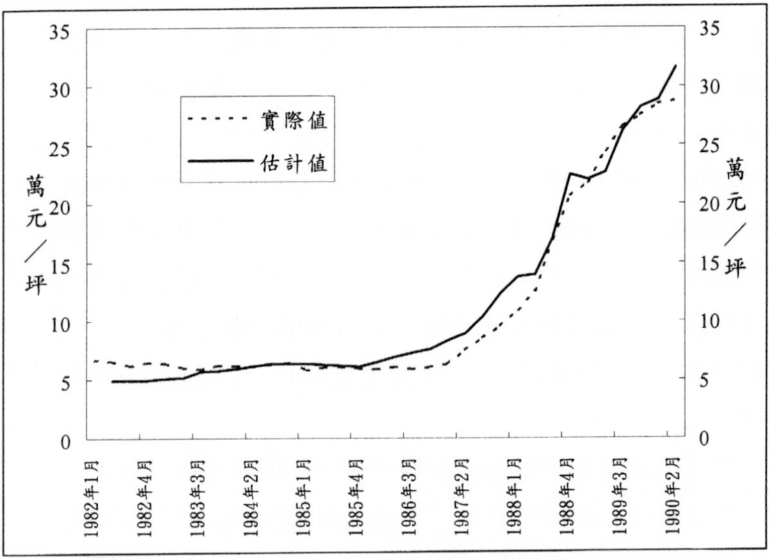

圖6-18　1980年代大台北地區房價實際值與估計值

附　錄

　　利用最小平方法所處理的迴歸式，式中 R^2 表示判定係數，$\overline{R}^2$ 表示修正過的判定係數，F 為直線臆設所作的 F 測驗。

1. 出超與股價：式中 Pstock 表股價，X 表輸出，M 表輸入

$$\text{Pstock}_t = -570.89 + 0.0503(X-M)_{t-8} \cdots\cdots\cdots\cdots (6\text{-}1)$$
$$\quad\quad\quad (-0.81) \quad (6.41)$$
$$R^2 = 0.5776 \qquad \overline{R}^2 = 0.5636 \qquad F = 41.03$$

$$\log \text{Pstock}_t = -3.3964 + 0.9973 \quad \log(X-M)_{t-8} \cdots\cdots\cdots (6\text{-}2)$$
$$\quad\quad\quad\quad (-2.03) \quad (6.60)$$
$$R^2 = 0.6001 \qquad \overline{R}^2 = 0.5863 \qquad F = 43.51$$

2. 超額儲蓄與股價，式中 NS 表儲蓄，I 表投資

$$\text{Pstock}_t = -941.13 + 0.0480(NS-I)_{t-8} \cdots\cdots\cdots\cdots (6\text{-}3)$$
$$\quad\quad\quad (-1.49) \quad (7.86)$$
$$R^2 = 0.6731 \qquad \overline{R}^2 = 0.6622 \qquad F = 61.76$$

$$\log \text{Pstock}_t = -1.6208 + 0.8307 \quad \log(NS-I)_{t-8} \cdots\cdots\cdots (6\text{-}4)$$
$$\quad\quad\quad\quad (-1.07) \quad (6.14)$$
$$R^2 = 0.5654 \qquad \overline{R}^2 = 0.5504 \qquad F = 37.73$$

3. 匯率與股價，式中rate表匯率，即新台幣元/美金1

$$\text{Pstock}_t = 21244 - 526.25\ \text{rate}_{t-6} \quad\text{\dots\dots\dots}(6\text{-}5)$$
$$(22.91)\ (-20.11)$$

$$R^2 = 0.7831 \qquad \overline{R}^2 = 0.7812 \qquad F = 404.38$$

$$\log \text{Pstock}_t = 28.67 - 6.0157\ \log \text{rate}_{t-6} \quad\text{\dots\dots\dots}(6\text{-}6)$$
$$(34.57)\ (-25.73)$$

$$R^2 = 0.8553 \qquad \overline{R}^2 = 0.8540 \qquad F = 661.86$$

4. 外匯存底與股價，式中reserve表外匯存底

$$\text{Pstock}_t = -640.35 - 0.0983\ \text{reserve}_{t-6} \quad\text{\dots\dots}(6\text{-}7)$$
$$(-2.69)\ (18.54)$$

$$R^2 = 0.7543 \qquad \overline{R}^2 = 0.7521 \qquad F = 343.79$$

$$\log \text{Pstock}_t = -1.9962 + 0.9320\ \log \text{reserve}_{t-6} \quad\text{\dots\dots}(6\text{-}8)$$
$$(-4.67)\ (22.00)$$

$$R^2 = 0.8121 \qquad \overline{R}^2 = 0.8105 \qquad F = 484.15$$

5. 貨幣供給與股價，式中M_{1b}表貨幣供給

$$\text{Pstock}_t = -2251.98 + 0.4905\ M_{1bt-3} \quad\text{\dots\dots\dots}(6\text{-}9)$$
$$(-8.76)\ (22.15)$$

$$R^2 = 0.806 \qquad \overline{R}^2 = 0.8045 \qquad F = 490.68$$

$$\log \text{Pstock}_t = -8.6166 + 1.7577 \log M_{1bt\text{-}3} \cdots\cdots\cdots (6\text{-}10)$$
$$(-19.04) \quad (35.24)$$

$$R^2 = 0.9132 \qquad \overline{R}^2 = 0.9125 \qquad F = 1241.60$$

6. 重貼現率與股價，式中ir表重貼現率

$$\text{Pstock}_t = 4792.68 - 297.41 \ ir_t \cdots\cdots\cdots\cdots (6\text{-}11)$$
$$(5.64) \quad (-2.61)$$

$$R^2 = 0.0547 \qquad \overline{R}^2 = 0.0467 \qquad F = 682$$

$$\log \text{Pstock}_t = 9.8674 - 1.3527 \log ir_t \cdots\cdots\cdots (6\text{-}12)$$
$$(19.19) \quad (-5.06)$$

$$R^2 = 0.1785 \qquad \overline{R}^2 = 0.1716 \qquad F = 25.64$$

7. 物價與股價，式中cpi表消費者物價指數

$$\text{Pstock}_t = -47931 + 477.5738 \ cpi_t \cdots\cdots\cdots (6\text{-}13)$$
$$(-10.61) \quad (11.22)$$

$$R^2 = 0.5161 \qquad \overline{R}^2 = 0.5120 \qquad F = 125.87$$

$$\log \text{Pstock}_t = -78.968 + 18.5012 \log cpi_t \cdots\cdots\cdots (6\text{-}14)$$
$$(-11.94) \quad (13.05)$$

$$R^2 = 0.5905 \qquad \overline{R}^2 = 0.5870 \qquad F = 170.16$$

8. 國民生產毛額與股價，式中GNP表國民生產毛額

$$\text{Pstock}_t = -7338.57 + 0.0123 \text{ GNP}_t \cdots\cdots\cdots\cdots (6\text{-}15)$$
$$\quad\quad\quad (-6.21) \quad\quad (8.76)$$

$$R^2 = 0.6689 \quad\quad \overline{R}^2 = 0.6601 \quad\quad F = 76.54$$

$$\log \text{Pstock}_t = -44.1978 + 3.7924 \log \text{GNP} \cdots\cdots\cdots (6\text{-}16)$$
$$\quad\quad\quad\quad (-12.32) \quad (14.36)$$

$$R^2 = 0.8444 \quad\quad \overline{R}^2 = 0.8404 \quad\quad F = 206.29$$

9. 工業生產指數與股價，式中Pindex表工業生產指數

$$\text{Pstock}_t = -7856.13 + 142.34 \text{ Pindex}_t \cdots\cdots\cdots\cdots (6\text{-}17)$$
$$\quad\quad\quad (-8.23) \quad\quad (11.33)$$

$$R^2 = 0.5231 \quad\quad \overline{R}^2 = 0.5190 \quad\quad F = 128.32$$

$$\log \text{Pstock}_t = -9.8572 + 4.0079 \log \text{Pindex}_t \cdots\cdots\cdots (6\text{-}18)$$
$$\quad\quad\quad\quad (10.05) \quad (17.52)$$

$$R^2 = 0.7240 \quad\quad \overline{R}^2 = 0.7217 \quad\quad F = 306.95$$

10.台灣股價與紐約股價，NY表紐約股價

$$\text{Pstock}_t = -4116.38 + 3.9727 \text{ NY}_t \cdots\cdots\cdots\cdots (6\text{-}19)$$
$$\quad\quad\quad (-6.91) \quad\quad (12.54)$$

$$R^2 = 0.5975 \quad\quad \overline{R}^2 = 0.5937 \quad\quad F = 157.33$$

$$\log \text{Pstock}_t = -10.6159 + 2.4314 \log \text{NY}_t \cdots\cdots\cdots (6\text{-}20)$$
$$(-10.44) \quad (17.75)$$
$$R^2 = 0.7482 \qquad \overline{R}^2 = 0.7459 \qquad F = 315.03$$

11.台灣股價與東京股價，TO表東京股價

$$\text{Pstock}_t = -5311.07 + 0.3927 \text{ TO}_t \cdots\cdots\cdots\cdots (6\text{-}21)$$
$$(-9.28) \quad (17.24)$$
$$R^2 = 0.8094 \qquad \overline{R}^2 = 0.8066 \qquad F = 297.21$$

$$\log \text{Pstock}_t = -18.0325 + 2.5860 \log \text{TO}_t \cdots\cdots\cdots (6\text{-}22)$$
$$(-16.29) \quad (23.42)$$
$$R^2 = 0.8868 \qquad \overline{R}^2 = 0.8852 \qquad F = 548.55$$

12.前期股價與當前股價

$$\text{Pstock}_t = 77.2905 + 0.9830 \text{ Pstock}_{t\text{-}1} \cdots\cdots\cdots (6\text{-}23)$$
$$(1.13) \quad (59.36)$$
$$R^2 = 0.9676 \qquad \overline{R}^2 = 0.9673 \qquad F = 3523.88$$

$$\log \text{Pstock}_t = 0.0475 + 0.9958 \log \text{Pstock}_{t\text{-}1} \cdots\cdots\cdots (6\text{-}24)$$
$$(0.69) \quad (106.72)$$
$$R^2 = 0.9897 \qquad \overline{R}^2 = 0.9897 \qquad F = 11390.01$$

13.大台北地區房價決定式房價(PH)與股價(Pstock)

$$PH_t = 4.6325 + 0.0026\,Pstock_{t-1} \cdots\cdots\cdots\cdots(6\text{-}25)$$
$$(8.13) \quad (19.44)$$

$$\overline{R}^2 = 9127 \qquad F = 377.834$$

$$\log PH_t = -1.8962 + 0.5644\,\log Pstock_{t-1} \cdots\cdots\cdots\cdots(6\text{-}26)$$
$$(-9.20)\quad (20.44)$$

$$\overline{R}^2 = 0.9246 \qquad F = 417.929$$

$$PH_t = 4.5825 + 0.0002\,Pstock_t + 0.0024\,Pstock_{t-1} \cdots\cdots(6\text{-}27)$$
$$(7.79)\quad (0.44)\qquad (6.16)$$

$$\overline{R}^2 = 0.9152 \qquad F = 417.929$$

房價與貨幣供給(M_{1b})

$$PH_t = -3.1579 + 0.0014\,M_{1B\,t-1} \cdots\cdots\cdots\cdots(6\text{-}28)$$
$$(-2.17)\quad (11.69)$$

$$\overline{R}^2 = 0.7997 \qquad F = 136.709$$

$$\log PH_t = -7.2780 + 0.8970\,\log M_{1B\,t-1} \cdots\cdots\cdots\cdots(6\text{-}29)$$
$$(-8.11)\quad (10.67)$$

$$\overline{R}^2 = 0.7684 \qquad F = 113.824$$

房價與股價及貨幣供給

$$PH_t = 2.3417 + 0.0020\,Pstock_{t-1} + 0.0003\,M_{1B\,t-1} \cdots\cdots(6\text{-}30)$$
$$(2.05)\quad (7.62)\qquad (2.28)$$

$$\overline{R}^2 = 0.9265 \qquad F = 215.437$$

第七章

泡沫經濟發生時期引發之社會現象及破滅原因[1]

一、發生時期引發的社會現象

　　台灣泡沫經濟,在其發生時期,確實引發了許多反常的、不健康的社會現象,而這些社會現象使台灣被形容為嗜賭、投機、貪婪的海島;只圖消費,不事生產的社會。很多人都在玩金錢遊戲,以期一夜成為巨富。就當時所產生的現象,具體的有下列諸方面:(1)地下投資公司的更加猖獗,(2)使很多人脫離工作崗位,(3)助長餐飲業之興隆,(4)助長色情行業之擴張,(5)失業現象被隱藏。

---

[1] 參閱于宗先,倘若股價繼續狂飆下去,于宗先著:《經濟發展啟示錄》。在此文中,對股市現象有較詳細之描述。

(一)地下投資公司的更加猖獗

自1982年起，利率開始大幅下降，就中央銀行重貼現率而言，1981年爲17.75%，次年便降爲7.75%，到1986年又降爲4.50%。相對地，消費者物價指數在1982年增加3%，1986年增加0.7%。處在這種情況下，一些靠退休金過活及退役人的收入便爲之減縮。這時股價在逐漸上升。有一批年輕人，便針對這種情勢，成立投資公司。這些地下投資公司，以高利吸受民間游資。其利率之高，比地下錢莊更甚。譬如，有些地下投資公司以15萬元爲一吸金單位，凡投資15萬元者，每月得利5,000元，一年可得6萬元，即本錢的40%。如果投資者能代拉客戶三個以上，公司會授以經理一職，其月待遇爲3,000~5,000千元。在這種利誘之下，地下投資公司繁殖很快，它的繁殖就像一棵樹一樣，資金也就源源而來。這些地下投資公司再利用所吸受的資金從事投資活動。爲了使吸取來的資金得到較大的收益，地下投資公司將大量的資金炒股票、買土地、購買百貨公司、大飯店。其中以投資股市賺錢最快，且收益最大。買土地之後，希望它能漲價，以便漲價後再賣出；如果它停止漲價，在需要資金時賣不掉，也是一大困擾。至於百貨公司、酒店、大飯店，它要看所經營的業務是否有生意。如果生意差，這些生意就會蝕本。

當股價暴跌，且不堪收拾時，地下投資公司所經營的事務也就跟著「樹倒猢猻散」。因爲它失去融通資金，結果就會週轉不靈，發不出應付的利息。於是投資者齊來地下投資公司要

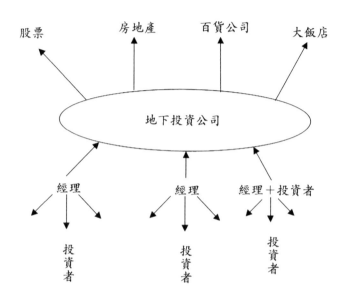

圖7-1 地下投資公司之繁殖與投資

求退還資金。事實上,部分通內情的人,會在地下公司倒閉之前,將自己的本錢先提出來,若等到公司宣布破產時,一般投資者什麼也得不到了。到1990年底,很多退休的人與退役的人多年積蓄的老本都付諸東流。然而他們在同地下投資公司負責人吵過之後也一無所獲,而地下投資公司不僅關閉,而且還要坐牢。這些地下投資者只有自認倒楣。這也應證了「貪多嚼不爛」,而且也難獲社會大眾的同情。像這種事情之發生,主要是由於「個人的貪」。地下投資公司針對人們的「貪性」,先給他們些甜頭吃,以便使更多人相信它們有謀利的能力。如果

投資於地下投資公司的人稍微理性些，他就不會犯下這樣大的錯誤。

(二)使很多人脫離工作崗位

從1986~90年，投入股市的人口，其開戶數從40萬增到500多萬戶，如果剔除15歲以下人口及65歲以上人口，以1989年而言，尚有1,338.3萬人。其中從事股票買賣的人口占37.4%，由此可見股票族人口之眾。

1. 工廠員工鍾情於股市

股市只限於星期一至星期六的上午。許多中小企業的老闆，鑑於工資上升快，生產力成長慢，出口競爭下降，乃棄工廠而投入股市，碰碰運氣；工廠的員工認為股市賺錢較易，多趁機在股市撈一筆。根據統計，1987年，製造業就業人口為282.1萬人，達到台灣就業人數的最高點。次年即開始減少0.67%，1989年減少0.21%，1990年減少5.1%。就在此時期，很多工廠有勞工流失現象，於是雇用外籍勞工便成為一個重要的議題。

由於員工鍾情於股市，製造業成長率下降，由1987年的11.09%降為1989年的3.64%，到1990年便降為-0.74%。勞動生產力直到1990年才下降[2]，可是單位產出勞動成本上漲率卻相當的高，1988年為8.22%，1989年為10.13%，遠遠超出勞動生

---

2 勞動生產力在1990年以前未下降，乃是表示製造業產值的成長率雖下降，但勞動人數減少更多。

產力。(參見表7-1)

表7-1 勞動生產力與成本成長率

單位：%

年期	製造業成長率	勞動生產力	單位產出勞動成本
1987	11.09	7.13	5.90
1988	3.61	7.49	8.22
1989	3.64	5.69	10.13
1990	-0.74	5.00	5.82

資料來源：行政院主計處的83年6月勞動生產力趨勢分析報告。

2. 教師學生不安於教與學

　　在1990年代的末期，當股價竄升時，許多教師不安於授課，他們懷著收音機，載著耳機，一方面聽取股市行情，另一方面給學生上課，如果股價上漲，則欣喜若狂；如股價下跌，則心神不安，徹底影響教學情緒。為了聽取股市行情，乃以敷衍的態度去上課。至於學生，主要為大學及研究所的學生，他們利用課餘，或上課時逃課，成群結隊地去炒股票。如果能撈一筆，不僅學費有了著落，而且還經常去大飯店打「牙祭」。

3. 公務人員無心公務

　　由於股市一路狂飆，在很短的時間內買賣股票賺來的錢比公務員薪水要大得多，有些太現實的公務員，於辦公室簽到之後，便溜出去，到證券公司買賣股票。有少數政府官員甚至離開政府的刻板工作，專心在股市炒股票。到1990年底股市崩盤之後，他們想回原服務單位工作，原服務單位便加以拒絕。

4. 家庭主婦不安於室

很多家庭主婦也跑到證券公司去買賣股票,因為賺錢容易,且速度又快,對於家務事便忽略了。他們將一天的上午全泡在股市,中餐不回家煮飯,因為賺了錢,可到餐館去換換口味。家庭主婦既然不務家事,許多夫婦間的關係也亮起了紅燈,投入股市的家庭主婦有他們的股友,談天說地,討論股經,剩下在家的時間也就有限。

5. 醫生無心看病

在台灣,醫生的收入較其他行業為高,但許多小診所的醫生收入並非如想像一般的豐裕。鑒於股市狂飆,賺錢較易,他們也利用上午的時間進出股市,到下午的時間,才開張納客。如果從股市賺了錢,下午的時間會精神盎然;如果賠了老本,下午看病的情緒就會很壞,而且倦怠也會影響診斷的精確性。

(三)助長色情行業之蔓延

「飽暖思淫欲」這是千古名言。自1988~1990年初,台灣的色情行業蔓延很快。旅館生意興隆,而理髮店的生意更是門庭若市。炒股票的人,在賺了錢之後,一則是到大旅館,泡三溫暖,一則是經常到理髮店去理頭。泡三溫暖需要小姐按摩、陪洗;理髮店的洗頭成了性交易的代名詞。由於在股市賺了錢,嫖妓的股票族出手大方,擲千金而面不改色。同時,大廈裡的套房生意很好,因為那是暗藏春色的最安全之處。既然對這種行業的需求增加,外籍妓女也假觀光之名聞風而來。

(四)餐飲業盛極一時

當股市狂飆時，一般城市的餐飲業也跟著興盛起來。那些在股市上獲利的股票族，通常在中午時分，在餐廳用過簡單的午餐，下午泡泡三溫暖，晚上就到大的館子去吃一餐豐富的晚餐。報載，在大餐廳用餐，當女服務生送上一盤菜，即付給她一千元，一餐12個大菜要花一萬二千元當小費[3]。他們到洗手間時，用一次擦手的毛巾，就付小費500元給便所的清潔工。股票族出手闊綽，主要因賺錢易，所以對錢的價值不太重視。可是好景不長，當股市崩盤，這些泡三溫暖、進餐館付鉅額小費的事也就消失了。而城市的很多餐館也因此陷於蕭條之境。

(五)失業現象被隱藏

在股市狂飆的1980年代末期，台灣的失業率相當的低。在1987年，失業率為2%，在以後的五年，失業率最高為1.5%。失業率為何如此低？勞工中有不少人投入股市，所以從事股票買賣的高達500萬人。很多工廠因此缺工不少，於是便發生了雇用外籍勞工的事。事實上，有不少中小企業將部分生產線移到東南亞和大陸。按常理，它們的出走應代表勞工之需求減少，何以會有勞工短缺現象？主要的是：有部分勞工離開工廠而去

---

3 當時一位受雇的大學畢業生月薪，也不過新台幣一萬多元，由此可見小費之高。

炒股票。

　　以上這些現象是股市狂飆時發生的。當股市的泡沫破滅，這些現象的存在也有了問題。結果是：地下投資公司的老闆坐牢，或逃到國外成為經濟犯。同時，各產業因出口困難，而勞工又短缺。在此情況下，各產業不得不提升產業結構，這對產業轉型起了積極的作用。台灣的色情行業並未因股市崩盤而消聲匿跡，但台灣的餐館業卻因此低迷起來，從此再也見不到出手如此闊綽的客人來問津。

二、破滅原因

　　以股市為主題的台灣泡沫經濟終於於1990年10月破滅了。它之破滅也經過了九個月起伏不定的變動。原因何在？我們不妨從它發生的線索上去探求，即影響一張股票的價格，主要是它的股利，發行股票公司的財務狀況，獲利股票公司經營事業的發展遠景，社會上對該股票價格的看法（預期心理），以及一社會或一國經濟之景氣狀況。我們可從這個角落去探討其破滅的原因。

(一)本益比過高問題

　　本益比為股價變動的重要基本面參考資料，它是指股票市價與其獲利之比率。如股票市價為100元，每股稅前獲利為4元，則本益比為25。在1990年2月前夕，很多股票的本益比都超過

40。尤其金融股，其本益比爲最高，像三商銀(第一商業銀行，彰化商業銀行和華南商業銀行)的本益比，在1988年8月就分別高達85以上。因爲三商銀是公營事業，不會倒閉，但一般民間工商業的公司行號，其所發行的股票，如本益比過高，它的持有人就會冒很大風險，因爲它本身並不值這麼多的錢。本益比過高就等於股價灌水；灌水太多，連本質也要起變化了。

表7-2　1988~90年重要金融股的最高股價及其本益比

公司	最高股價	發生年月	每股稅前盈利	本益比
彰銀	1105	1988年8月	12.00	92
一銀	1110	1988年8月	11.00	101
華銀	1120	1988年8月	13.00	86
開發	1075	1989年9月	1.55	694
國壽	1975	1989年6月	9.59	205
中銀	846	1990年2月	7.42	114
竹企	610	1990年1月	7.84	78
北企	1180	1990年2月	9.91	119
南企	670	1990年1月	4.09	164
高企	556	1990年1月	2.97	187
國票	265	1990年1月	3.60	74

資料來源：歷年的財訊總覽，財訊雜誌社。

(二)台灣經濟景氣狀況

就台灣總體經濟情況而言，1987年1月至1990年1月是股價暴漲最厲害的三年，其指數上漲了8.6倍，平均每年上漲2.87倍，可是台灣一般經濟情況並非如此，即以國民生產毛額而言，其成長率呈下降趨勢，支持經濟成長居首功的工業生產，其成長率也是下降的很快，1989年僅成長3.8%，構成工業成長的製造業成長率下降更快。因為台灣是一個以出口為導向的經濟，工業生產與出口密切相關，台灣商品出口成長率在這三年也成劇降趨勢，其原因是：除國內政治情勢劇變，影響國內投資環境外，新台幣對美元大幅升值是主要原因，例如，1986年兌換率是1：35.45，1987年為1：28.50，1989年為1：26.16，升值幅度如此之大，便降低了出口競爭力。

表7-3 重要經濟變數年成長率

單位：%

年份	對外貿易		農工生產		國民生產毛額	貨幣供給	重貼現率	台灣股市	
	貨物出口	貨物進口	農業	工業（製造業）				股價	上漲率
1987	13.29	21.46	6.26	10.6(11.1)	12.7	37.7	4.50	1,114(1月)	90.10
1988	1.19	30.80	2.90	4.3(3.60)	7.8	24.4	4.50	2,611(1月)	134.38
1989	0.92	-2.63	4.97	3.8(3.60)	8.2	6.1	7.75	5,717(1月)	118.96
1990	3.15	6.21	4.72	-0.2(-0.70)	5.4	-6.7	7.75	10,678(1月)	86.78

資料來源：行政院經建會1997年的*Taiwan Statistical Data Book*，台灣省政府農林廳的《台灣農業85年報》。

（三）政府的貨幣政策

在1987年，貨幣供給（M_{1b}）增加率為37.7%，次年降為24.4%，就台灣經濟成長情況而言，仍屬偏高的成長。到1989年，便降為6.1%，貨幣供給成長率高低與股價密切相關，儘管股價仍在飆漲，但股票的另一個競爭對手，即銀行利率於1989年便提高了74%，一年之內提高幅度如此之大，必會影響投資者對資金的選擇，於是定期存款相對大幅增加。股市的交易量也相對減縮。

（四）股價同漲同落的荒謬

在1980年代末期，台灣股市有個奇特現象，即股價上漲時，所有股票價格都上漲；當下跌時，所有股價都下跌，這種不理性的現象反映了一個事實，即一般散戶，對股市多一無所知，只是一窩蜂式的追隨大戶的行為，當大戶搶購時，他們就跟著搶購；當大戶拋售時，他們就跟著拋售，由於資訊之落差，往往是：大戶擺脫了風險，散戶卻被套牢。

事實上，發行股票公司，有些財務狀況壞，瀕於破產邊緣，然而它們的股價照常飆漲，當一般散戶瞭解這種情況時，他們又會一窩蜂拋售，形成兵敗如山倒的局面。

（五）受國際股市之影響

國內股市受國際股市影響有兩個途徑，一為外國投資人的

反應，一為國際消息的影響，在1980年代末，台灣股市中，外國基金投入不大，所能發生的主導力有限，然而國際資訊的傳遞卻是無遠弗屆。在1989年12月，東京股價達到最高點，到1990年1月開始滑落，到4月，滑落達24.00%，可說其幅度相當的大。至於紐約股市，1989年12月，曾漲至最高峰，然後下降。到5、6月，又開始上升，到8月又下降，直到年底，不過幅度不大，未造成泡沫現象。東京股市與台灣股市關係較為密切。台灣股價到1990年10月降至最低點，而東京股價於同年9月降至最低點。對照東京與台灣股市，東京股市波動似乎處於先導的地位。

(六)不利的消息面

在1980年代下半期，由於解嚴，社會政治變動十分劇烈，勞資糾紛，環保運動，圍廠事件經常發生，延誤生產程序與交貨日期，而政局又動盪不安。股市消息特多，也特敏感，尤其1990年波斯灣戰爭爆發，伊拉克進軍科威特，一般人對阿拉伯石油供給產生了危機感，於是伊拉克之戰與和成了股市波動的重要因素。

綜合以上所述，1990年台灣股市大崩盤，在1989年已見端倪，可是，由於投資者之「逢高追高，逢低殺低」的非理性反應，乃是脆弱股市崩盤的主要根源。

第八章

泡沫破滅後的影響

　　1990年10月，台灣的泡沫經濟破滅了。它對台灣經濟的基本面是否帶來不利的影響？這是一般人感到興趣的問題。因為泡沫經濟之破滅並非是「船過水無痕」，而是像一場大颱風一樣，不僅吹倒了樹木，吹塌了房舍，更淹沒了很多田地和農作物。就此次泡沫來說，它的破滅至少帶來下列幾種影響：(1)扭曲資本市場的形象，(2)嚴重影響工業發展，(3)導致財富分配更加不均，(4)地下投資公司瓦解帶來的衝擊，(5)導致房地產業一蹶不振。從另個角度，泡沫經濟之破滅給予社會大眾一種慘痛的教訓：(1)人不能太貪，貪多了會消化不良，引發疾病，所炒股票要適可而止。(2)對於股市行情應理性考慮它的基本面，不應盲從股票交易活動。

一、扭曲股市為資本市場之形象

　　股市本為資本市場。買賣股票是種投資行為，廠商吸收資

金,即以發行股票的方式,吸取社會大眾的資金。而社會大眾
為了從事長短期投資,便進入股市,購買股票,從而將貨幣交
給釋出股票的公司,持有該公司股票的人,對於這個公司的經
營就有了利害關係。公司經營好,牟利多,稅後的利潤被分配
到股票上面成為股利的部分就會多。每到年底,公司分紅時,
通常釋出股票的公司以增發股票的方式分紅。持有公司股票的
人,不論多少,都是資本家。至於將股利換成鈔票,分發給持
有股票的人的例子並不多,因為公司持有的流動性資產,如鈔
票,不會太多,增發股票則可使公司的財務負擔減輕很多,這
就是何以很多公司希望股票上市,以便取得更多的資金,減少
向銀行借錢,付利息的負擔。

　　投資於股市本有短線與長線之別。所謂短線,就是每天都
在股市買賣股票,賺取兩者之差,在一路飆漲的情況,賺錢最
快;若是一路暴跌,買來的股票放在手上就不敢賣出去,這就
是套牢。至於長線,則指買入股票後,不必經常跑股市,因為
股市變動是常態,在短線交易時,有賺,也有賠;在長期交易
時,賠的可能性並不大,因為就長期而言,譬如十年,每年通
常有股利分配,而十年之後,股價會隨著產業成長而增高。就
獲利平均而言,它會比存放在銀行生利息要高很多,可是一般
人多重急利,而不看長期,總希望每日都會有收入,於是長線
交易者少,短線交易者多。

　　所謂股票族,每日進出股市,他們的行為顯示了下列幾種
特性:

（1）喜歡短線交易，近利心切。

（2）重視影響股價的消息面，忽略基本面。譬如1990年秋，當
　　波斯灣戰爭正酷之時，發動戰爭的伊拉克總統海珊，放出
　　「再戰」的消息時，股價馬上下跌；當他表示「願停戰」
　　時，股價馬上上揚。其實伊拉克距台灣如此遙遠，而且台
　　灣並未參戰，股票族的反應卻會變成如此敏感。

（3）盲目購買股票：當股價一直上揚階段，一般股票族多不關
　　心發行股票的公司，只要是股票，他們就要買。事實上，
　　在這種盲目逐利的情況下，股票就會更加飆漲。在當時，
　　很多行將倒閉的公司，其財務狀況已經很壞，按理其股價
　　應下跌而不是上漲，但是在盲目投資的情勢下，不良股票
　　也成了搶手貨了。

（4）股價同時漲落：股票分績優股和普通股。按理說，績優股
　　上漲的空間較大，而普通股較小，但是在1980年代，台灣
　　股市所呈現的現象是，股價上漲時，大家一起上漲，同樣，
　　當股價下跌時，大家一起跌。這種不合理的現象是來自非
　　理性的股票族。

（5）大戶有呼風喚雨之影響：在1980年代下半期，證券公司少，
　　而發行股票的公司也不多，表示股票供給有限，可是它的
　　需求增加的極多。到1990年，投入股市的人口高達500多萬
　　人，等於台灣總人口的1/4，在粥少僧多的局面下，股價焉
　　能不上揚！當時，有幾個「大戶」運用所握的資金，在股
　　市呼風喚雨，而許多散戶追隨其後。當他們要買進股票時，

就製造「利空」的消息,使股價下跌,他們就趁機進場買進股票;當他們要賣出股票時,就製造些「利多」的消息,使股價上漲,他們藉此機會出售股票,獲取較大的利得。至於散戶,他們往往跟不上大戶的行動,致當他們進場購進時,股價已開始上漲;當他們進場拋售時,股價已開始下跌。在時機上往往會晚了一步。

(6)利用公款從事股票買賣:由於股價呈現上升趨勢,不少信用機構的作業人員,利用職務上的關係,將銀行的存款挪用到股市。如果股價一直上升,今天進場買進,明天進場賣出,然後再將公款歸還原處,在神不知鬼不覺的情況下,賺了一大筆。由於「食髓知味」,不巧,逢上股價下跌,而銀行存款又需要貸出,於是盜用公款的案例便發生了。

以上這些特性,使台灣的資本市場成為非理性的投機市場,對於買賣股票,也視作投機行為。股票原具有的功能,也就被扭曲了。

二、嚴重影響工業發展

1980年代下半期是台灣政治、經濟及社會變化相當激烈的一個時期。政治上的「解嚴」是社會虛脫的主要原因[1],而社

---

1 1987年政府廢除戒嚴法,使社會很多活動,如遊行、示威,祇要得到政府的批准,即可在定時,定點進行。可是在各方族群進行社會運動時,往往忽略定時定點的規定而溢出規來。

會虛脫又是社會失序的攣生子。這種現象的發生為投資環境帶來破壞的力量，如勞資糾紛，導致罷工現象；環保抗爭，造成生產成本的增加及交貨的延誤等。經濟上的巨變包括三部分，一部分是經濟自由化的外來壓力愈來愈大，尤其是美國。由於對美連年出超，美國政府為平衡其貿易，經常運用「超級三〇一」法案，使台灣在關稅、非關稅障礙及智慧財產權方面作最大的讓步。另一部分是泡沫經濟的起落。在1980年代末，股市狂飆曾吸引了500萬人戶，去從事股市活動。同時，不少青年人不願在工廠上班，於是工業部門的勞工產生了短缺現象。再一部分就是台幣對美金的大幅升值，它直接削弱了台灣商品在國際上的競爭力，致產生出口困難的後果。

　　從各業就業分配，可見工業在全國總就業人口中所占份額日趨下降（參見表8-1）。1988年，尚占42.8%（3,443千人），1990年降為40.8%（3,382千人），到1996年降為37.5%（3,399千人）。相應地，製造業就業所占份額，1988年為34.6%，1990年降為32.0%，1996年更降為26.9%。相應地，服務業卻呈增加趨勢，1988年占43.8%，1996年便增為52.4%。再從各業產值來觀察，1988年工業產值成長率為4.3%，1990年為-0.2%，1994年為1.8%。其中製造業成長率，1988年為3.6%，1990年為-0.7%，1996年為2.4%。由此可見，工業部門，在就業方面固然日趨下降，其生產產值成長率也是日趨下降。從1990~96年，工業產值成長率七年平均成長率為4.03%，與前七年的平均成長率8.56%相較，顯然下降很多。

表8-1 工商業就業分配

單位：%

年期	工 業			服 務 業		
	工業 (1)=(2)+(3)	製造業 (2)	其他 (3)	服務業 (4)=(5)+(6)	商業 (5)	其他 (6)
1985	41.6 (2.7)	33.7（2.5）	7.9	41.0	17.9	23.1
86	41.6 (14.9)	34.1 (15.3)	7.5	41.4	17.7	23.7
87	42.8 (10.6)	35.2 (11.1)	7.6	42.0	17.8	24.2
88	42.5（4.3）	34.6（3.6）	7.9	43.8	18.9	24.9
89	42.1（3.8）	33.9（3.6）	8.2	45.0	19.4	25.6
1990	40.8 (-0.2)	32.0 (-0.7)	8.8	46.3	19.6	26.7
91	39.9（7.5）	31.8（7.5）	8.1	47.1	20.3	26.8
92	39.6（4.5）	29.9（4.0）	9.7	48.1	20.5	27.6
93	39.1（3.7）	28.4（2.3）	10.7	49.4	20.7	28.7
94	39.2（6.7）	27.8（5.9）	11.4	49.9	21.0	28.9
95	38.7（4.2）	27.1（4.5）	11.6	50.7	21.2	29.5
96	37.5（1.8）	26.7（2.4）	10.8	52.4	21.8	30.6

註：括弧內數字為生產產值成長率

資料來源：Council for Economic Planning and Development, *Taiwan Statistical Data Book*, 1997.

　　自1990年以來，產業出走，產業空洞化成為社會大眾關注的焦點。產業出走確是事實，遠在1980年代下半期，部分勞力密集產業因工資上漲幅度較大，而東南亞（後來的中國大陸）的勞力豐富而廉價成為中小企業求生存、圖發展寄託之地。因為台灣的中小企業主要以外銷為生產對象，國內投資環境變壞而新台幣又大幅升值，產業出走是不得已發生的事實。不過，產

業出走也產生了一些對台灣經濟發展的有利條件：(1)台灣出口不再大部分依賴美國市場，而是分散到東南亞國家及中國大陸，從而減輕美國對台灣的壓力。(2)台灣廠商繼續利用這些地區具比較優勢的勞工從事生產，排除了留在國內會破產倒閉的厄運。同時也使台灣同這些地區的工業形成垂直分工和水平分工的經濟關係。

至於產業空洞化，我們曾探討過，從很多方面的資料顯示，台灣並未發生產業空洞化，而是產業轉型的加速，這種轉型有利台灣從事技術密集產業的發展，擺脫將工資視作競爭本錢的困難[2]。

三、導致台灣財富分配更加不均現象

所得與財富的意義與涵蓋範圍並不一樣，前者為流量的觀念；後者為存量的觀念。台灣的所得分配，自1951~80年趨向於均等化，從1981年起，便趨向非均等化。非均等化的速度並不快，而這種非均等化的造因：(1)專業及技術人才的待遇較高，(2)家庭漸漸由大而小，大家庭成員多，賺錢的總額較大，小家庭成員少，賺錢的總額比較小。由家庭戶數按戶內人口規模分配可見：最近十年來，一人家庭、兩人家庭、三人家庭所

---

2 參見于宗先，〈台灣工業空洞化的驗證〉，行政院經建會，《自由中國之工業》（民國84年），頁1~11。

占百分數均在增加，五人家庭及六人家庭均在減少。至四人家庭尚無趨勢可言。(3)房地產價格暴漲以來，房地產持有者收取的租金比較豐裕，或者出售多餘的房地產得來的收入，成為所得的主要部分。以上這三個原因屬於造成所得分配漸趨不均的重要原因。

1987年起，台灣的房地產價格飆漲，飆漲幅度最大的，是那些靠近都市的池塘地、山坡地，以及由農田用地改為工商業用地和住宅用地。地價暴漲，以農田改變用途後，其價格上升幅度最大，因此凡屬地主無不成為巨富。以台北市的房地產而言，儘管自1990年以來，房地產呈現低迷現象，可是有些地區，如台北市東區，其價位仍很高。凡百坪以上的華廈豪宅，價值在四、五千萬元之間，銷售情況大致不錯。那些三、四十坪的房屋，價值在1500萬左右，反而乏人問津。事實上，以台北市而言，中產階層的軍公教人員，想要購置三、四十坪的房子，仍是「望屋興嘆」。這就是何以房地產市場低迷的主要原因。如果要想租用三、四十坪的房子，其租金也在三、四萬元之譜，等於大學教授半個月的薪金。因此在台灣，凡擁有房地產的家庭與未擁有房地產的家庭，其財富分配就相差很大。

四、地下投資公司瓦解帶來的衝擊

正如前述，從事經營地下投資公司的人掌握了人性的弱點——貪近利，便吸取了大批退役軍人及退休公教人員的儲蓄。

在地下投資公司成立後的早期階段，這些投資者也嘗到了甜頭，不然他們不會自己投入，又說服親戚朋友也投入。地下投資公司完全採取錢滾錢的策略。他們利用吸取的資金，主要是用來投資股市，因為它賺錢最快。自1990年2月以來，台灣股市開始崩潰，凡在一萬點左右購買的股票都被套牢，手中握有的股票，如果賣出，都虧了本；如果持有，眼看股價每日都在下跌，誰也不知道，它會跌到什麼程度。現實的問題是：由於股市的交易虧空，便無法償付投資者的本金，而且連利息也付不出來。當投資者發現這個事實，他們會蜂擁式的向地下投資公司討債，而地下投資公司已經是一無所有，只有讓投資者去抱那些不值錢的設備。

　　這次股市崩潰，禍延房地產，使那些求高利的投資者像挨了一記悶捧，有口難言，徒嘆奈何。這個慘痛的教訓是否會喚醒那些貪近利、盲目投資的人之自覺，尚待未來的事實來考驗。

五、導致房地產業一蹶不振

　　股市與房地產市場是對孿生兄弟，相依為命。回顧1980年代下半期股價上漲與房地產上漲，幾乎是亦步亦趨。社會上游資過多，得不到適當的出路，便跑到股市和房地產上面去。就投資者而言，將資金存放在銀行，比較安全，但是銀行利率太低，只有5%左右，而存款超過100萬元時，銀行拒絕接受，在這種情況之下，如果投資者的資金多，他會考慮購置房地產，

也會考慮投資於股市。對很多投資者而言，投資股市不一定需
巨額資金，當巨額資金流向股市，股市便狂飆；當它流向房地
產，房地產價格就上揚。當投資者在股市賺了較多的錢，他會
去買房地產，而出售房地產的人，也會將得來的資金，到股市
去炒股票，賺取更多的錢。在1980年代下半期，中央銀行所發
行的鈔票卻有大幅度之增加，例如1986年較1985年增加26.4%，
1987年增加55.9%，1988年增加12.5%，1989年增加8.7%，1990
年僅增加1.8%。雖然自1987年，增長率下降，但是鈔票流通市
面的累積金額及所產生的乘數效果，卻像滾雪球一般，成為股
價竄升的力量。

　　當1990年10月，股市崩盤，台灣的房地產也就進入低迷狀
態，因為支持房地產價格上漲的力量已不存在。於是，房地產
價格開始下降，交易量卻巨幅減縮。直到1997年，房地產仍處
於不景氣的局面。

六、股市崩盤是對貪婪者的一個教訓

　　西方泡沫經濟之起落，近十年來國內股市之盛衰，對人們
而言，都是最好的教材。股價一路上漲是股票族牟利的最佳時
期，然而股價是波動的，有漲就有落。既不能一直漲上去，也
不能一路跌下去，投資者必須認清這個特性。如果股價的跌落
遠超出了它的基本面，那就要重視發行股票的本益比。如果倍
數太大，它就表示隨時會崩盤，因為「高處不勝寒」，任何敏

感性的消息都會使股市崩盤。

　　我們觀察到：從事股市活動的投資者，凡能度情勢而中途抽身的人，都會有所斬獲；如果貪婪無度，最後必會一無所有，甚至負債累累。如果對某種產業的發展有信心，則持有從事這種產業的廠商所發行的股票，必作長期打算，不作短線炒作，五年或十年之後，必有可觀的收益。

　　「他山之石可以攻錯」。儘管西方社會的泡沫經濟對我們而言，無切膚之痛，但值得參考。所謂「前事不忘後事之師」，我們自己親身經歷過的泡沫經濟，不應很快地將它忘掉，重蹈過去的覆轍。記取歷史教訓，理性觀察現實，才不致重犯錯誤。

第九章
台灣對東亞金融危機的反應

一、東亞金融危機爆發前後的台灣金融局面

　　台灣的泡沫經濟於1990年10月完全破滅，當時的股價落到2,485點，然後股價又慢慢爬升，1991年日平均點數爬升到4,928點（介於3200~6400點之間）。1992年和1993年，日平均股價一直在4,200點上下徘徊。1994年日平均點數回升到6,252點（介於5125~7228點之間），到1995年，因為政治上的原因，兩岸關係趨於緊張，股價下降最低曾到4744點，政府曾號召法人基金進場護盤，該年股價始升至5,200點附近。1996年，由於總統大選前夕，中共對台試射飛彈，股價又呈現下跌局面，不過為時不久，股價又翻升起來。從1996年7月到1997年8月共走14個月的多頭行情，到1997年8月27日，股價曾升達到10,256點，這是自1990年2月所創下的最高峰以來，第二次的高峰。該年7月初東南亞金融風暴爆發後，就日益嚴重起來，台灣股價卻在8月27

日升高到一萬多點，這到底是什麼原因？有不少人認爲這是國際投機客在股市操作的結果[1]，他們認定電子類股有炒作的空間，於是先將電子業下游公司的股票炒起，其他類股價也就跟著被烘抬起來。在此期間，雖有財金官員提醒投資人要「居高思危」，可是社會輿論的反應卻完全相反。中央銀行鑒於股價漲勢太猛，曾於8月1日調高重貼現率及擔保放款利率各一碼，以期抑制其漲勢，但當時的效果未如預期的理想。

　　由於東南亞金融情勢日趨惡化，而鄰近的香港及韓國股價更陷入低迷狀態，台灣股價豈能一枝獨秀？一般股市投資人的信心開始動搖起來。股價升至高峰後，便猛烈下跌，到1997年10月30日便跌到7040點。在股價下跌的過程裡，於1997年9月間，總統與副總統均曾作心戰喊話，以期提振投資人信心。他們的「趕快進場論」與「萬點健康論」亦不產生激勵效果。爲呼應最高當局的論點，中央銀行分別於9月24日與10月16日宣布調降存款準備率，兩次的調幅估計可釋放1,350億元的強力貨幣，同時亦宣布外資投資國內股市的上限全體提高到30%，單一股票提高到15%。這些利多的宣布，仍無助於國內股市的狂瀉，每日跌幅有時達300點或400點，非常驚人。政府又於10月20日宣布採取四項措施：(1)股票融資的成數，一律調整爲五

1　在1997年下半年，喬治·索羅斯集團運用其所屬的量子基金在東亞各國股市炒作，而且獲利甚厚，有不少人懷疑1997年台灣股價之暴漲及連續下跌與量子基金之進場與退出有關。

成。(2)對融資融券交易之上市公司股票標準,取消以最近一年度獲利達3%為限之規定,改依信用狀況予以融資。(3)融券保證金成數由五成提高為九成。(4)在兩週內審查完成12個基金,共1,420億元募集金額的申請案。10月20日政府宣布這四項新措施,股價確實呈現止跌回升的現象,指數亦由7,274點反彈到7,900點,無奈10月27日黑色星期一又發生了,美國紐約道瓊指數除於盤中兩次終止交易外,股價狂瀉554點,次日10月28日台灣股價的回應為下跌452.52點。東南亞的金融風暴似乎有進一步演變為全球之金融風暴的跡象,於是全球亟謀迅速解決之道。

表9-1可提供東亞金融風暴自1997年7月2日在泰國發生後,至10月20日東亞各國的反應。股價跌幅最大的,依次為印尼、菲律賓、韓國、台灣,跌幅均超過15%,香港、日本、新加坡、上海及曼谷,跌幅在15%與3.37%之間。至於匯率,貶值幅度在28%以上者,依次為泰國、印尼、馬來西亞、菲律賓的貨幣。跌幅介於9%與4%之間者,為台灣、新加坡、日本和韓國,人民幣與港幣稍有升值。

在此期間,外資多自東亞撤離,這對股市賣壓與資金匯出有密切關聯。根據中央銀行估計,在1997年9月,外資由台灣匯出金額高達16.6億美元,匯入金額12.57億美元,淨匯出金額高達4.12億美元,創下歷史單月的新高。不但如此,外資自1997年4~10月止,在台灣股市累計賣超高達645億元,僅就十月份而言,賣超就高達273.7億元。

表9-1　1997年7月至10月20日止亞洲國家貨幣與股價漲跌幅一覽表

幣　別		跌　幅	股　價　指　數	跌　幅
泰銖　境外		-53.32	雅加達證交所指數	-29.72
國內		-45.56	馬尼拉綜合指數	-28.41
印尼盾		-49.67	漢城綜合指數	-25.38
馬幣		-31.80	台灣加權指數	-18.98
菲律賓披索		-28.61	香港恆生指數	-14.65
新台幣		-9.49	日經225指數	-14.28
新加坡元		-9.37	新加坡海峽時報	-9.41
日圓		-5.66	上海綜合指數	-5.03
韓圓		-4.08	曼谷交易所指數	-3.37
人民幣		0.08		
港幣		0.10		

資料來源：《工商時報》民國86年10月21日第二版

　　雖然允許外資在國內股市投資所占比例的上限可提高到
30%，但實際投資的比例仍不高，在股市中不及10%。這一、
兩年來，外資的動向無疑已成為投資者對台灣股市買賣時的重
要訊息，且具有領先指標的涵義。雖然外資金額不大，但對股
價的升降頗具影響。

　　鑒於幣值與股價雙雙大幅下滑，中央銀行嘗試守住美元兌
新台幣1：28.6的匯率，乃動用約50億美元充裕匯市，以期打
擊投機客。同時，也調降存款準備率，釋出1350億元的強力貨

幣，給予股市一股活水，期能守住匯價，並使股價止跌。雖然，暫時穩住了匯率，股價在9月與10月仍不斷下落。到10月下旬，政府放棄干預措施，交由市場決定，也許可消除因預期心理作祟所產生的投機行為，亦可表示尊重匯市的市場機能。由於央行政策的急轉彎，不再力守匯價，於是台幣迅速貶值，而在一美元兌換新台幣30元之後，續在32～35元之間浮動。

二、1998年台灣對東亞金融危機的反應

　　1997年，除新台幣貶值與股價下跌外，台灣的經濟基本面表現良好，可是自進入1998年，台灣經濟基本面也漸漸反應出一季不如一季的現象。首先觀察台灣的對外貿易，由於東亞地區的經濟日趨惡化，且因東亞出口占台灣總出口的50%，致使台灣對這個地區的出口便告衰退。1998年，台灣貨物出口下降9.4%，其中對香港及大陸出口下降13.5%，對東亞國協五國出口下降29.7%，對日本出口下降20.2%，對韓國出口下降37.2%，對美國地區（含墨西哥）出口下降0.1%，對歐洲出口增加9.7%。（參見表9-2）凡以東亞地區為重要出口地區的產業，其生產均受到打擊。

　　由於出口的減縮，工業生產便受到不利的影響，進而國內生產毛額的成長率也較上年為低，為4.82%。由於工業生產不振，失業率也不斷上升，第一季為2.4%，第二季為2.5%，第三季為2.5%，而第四季為3.0%，全年為2.7%。由此可見，東亞金

融危機對台灣經濟基本面所造成的不利影響程度。

表9-2 1998年台灣貨物出口情況

單位：%，億美元

輸 出 地 區	輸出成長率	出入超金額	備 註
香港與中國大陸	-13.5	228.8	入超
東亞國協	-29.7	-17.6	入超
韓國	-37.2	-41.8	入超
日本	-20.2	-176.9	入超
歐洲地區	6.7	9.7	入超
美國地區	-0.1	106.7	入超

資料來源：經濟部統計處的《經濟統計指標》，88年2月。

表9-3 1998年台灣經濟指標

年／季	經濟成長率	工業生產成長率	出口成長率	匯 率	股 價	失業率
1998	4.83	3.68	-9.4	32.22	7714	2.69
1	5.9	4.67	-6.5	32.86	8544	2.42
2	5.2	4.24	-7.9	34.35	8183	2.45
3	4.7	4.27	-9.8	34.37	7308	2.49
4	3.7	1.72	-10.7	32.22	6942	2.90

資料來源：經濟部統計處的《經濟統計指標》，88年2月。

至於股市、匯市和房市受影響的程度，將在下面分析：

(一)股市的泡沫現象[2]

　　台灣股價於1990年2月10日到達12,682點，同年10月1日狂瀉到2,485點，稱爲台灣史上股市第一次泡沫經濟；第二次泡沫經濟發生在二十世紀末的1996~99年。當台灣股價在1997年8月27日又來到10,256點之後，便跌下來，到1997年10月30日跌到7040點後，因政府強力作多，且經濟基本面堪稱良好，似乎沒感受到東亞金融風暴的侵襲，股價在農曆年後又呈榮面，例如1998年2月27日又回到9378點。之後，東亞金融風暴對台灣經濟與上市公司財務的衝擊便漸次浮現，即股價呈現軟疲，跌勢卻有加巨傾向，而各方人馬包括政府、法人、財團與上市公司等，皆進行所謂的股價7000點保衛戰[3]。至1998年6月跌到7073點時，又出現反彈，但到8月7000點失守後，於9月1日跌到6219點。經各方不斷努力，股價重回7000點以上，於1998年11月21日又升至7488點後，又折還重挫，於1999年2月5日曾跌到5422點。這爲本次股市泡沫股價的最低點。

　　二十世紀末的股市泡沫對台灣經濟造成嚴重的傷害。若從兩次股市泡沫股價最低點的比較上，似乎呈現不出來。二十世紀末的最低點5422爲1990年2485點的兩倍，從指數上直接比

較,似乎說明二十世紀末的股市泡沫上市公司的股價應不低於
1990年的股市泡沫,其實不然。這種股價指數失真的現象,係
因在計算指數時以發行量為加權的結果。(表9-4)選擇性的列
出一些較具代表性的上市公司在兩次股市泡沫經濟中最低價的
比較,除少數的電子類股外,大部分上市公司的股價於1999年
1~2月低於1990年9~10月,尤其是金融類股與營建類股,傳統
產業類股的股價也是頗低。這就充分顯示二十世紀末的金融風
暴對上市公司股價的衝擊有多嚴重。

　　二十世紀末台灣股價下跌的速度及幅度,與過去相比,並
沒有特殊之處,可是不少上市的財團法人發生財務危機,最初
是違約交割或跳票,接著是被「套牢」,更嚴重的是瀕於「斷
頭」局面。這些陷於財務危機的上市企業,可分為四種情況:

1. 利用短期資金作長期投資之用

　　部分企業,鑒於貨幣市場資金較為低廉,乃透過所投資的
票券公司,如中央票券公司與宏福票券公司等,由貨幣市場借
來之短期資金,支應其長期投資,如東隆五金、新巨群集團、
漢揚集團、台中精機集團、廣三集團等,影響所及,這兩個票
券公司也陷入財務危機。

2. 彼此不相干的多角化經營,又過度擴張

　　有些企業本有相當良好的基礎,惟到第二代接班人經營
時,由於企圖心過大,濫用財務槓桿原理,以債養債的方式,
大肆擴張,經營彼此不相干的企業,如東隆五金、禾豐集團、
漢揚集團、台中精機集團等。

表9-4　1990年與1999年台灣上市公司最低股價

單位：元

公司	1990年 9~10月	1999年 1~2月	公司	1990年 9~10月	1999年 1~2月
台股指數	2485	5422			
台泥	52.50	19.80	聯電	18.50	42.00
亞泥	43.30	18.90	宏電	14.30	33.00
農林	33.80	31.10	日月光	45.50	57.50
台鳳	51.50	33.50	大同	18.30	25.00
統一	29.80	22.00	國建	39.50	13.55
台塑	29.00	41.00	國產	29.00	8.00
南亞	28.30	38.50	太設	26.20	7.20
遠紡	23.60	22.20	寶祥	30.70	4.35
華隆	12.05	6.50	長榮	17.70	26.50
新纖	9.00	8.90	裕民	27.80	9.35
台化	22.50	23.20	彰銀	157.00	39.10
福懋	27.50	14.10	一銀	165.00	39.60
南紡	19.40	9.20	華銀	176.00	42.10
東元	36.70	21.50	開發	51.50	43.80
中纖	11.20	6.75	國壽	193.00	91.00
台玻	36.90	25.70	中銀	100.50	25.00
永豐餘	26.00	10.00	北商銀	107.00	26.50
中鋼	23.90	16.00	中企	96.00	12.50
東鋼	27.10	13.35	國票	52.50	12.80
裕隆	15.20	39.40	興票	70.00	14.05

資料來源：本研究整理。

3. 利用政治力量，向公營行庫借款發展大型企業

公營行庫懾於預算被刪或不被通過的壓力，不得不對這些政商密切的企業，給予無擔保或信用貸款，這些企業的老闆利用輕易得來之借款，大肆擴充與盲目投資，致因景氣欠佳而投資失敗，導致整個集團的財務危機，安鋒集團是一例。

4. 過度介入股市操作

當1996年和1997年股市熱絡時，部分企業熱衷於股市投資，儼然像是一家經營股票買賣的自營商；有些採交叉持股，轉投資及股票質押借款等方式買賣股票。在當時，確有日進斗金，「一夜致富」之事例。但當股價下跌至質押借款時之股價時，銀行要求補交質押品，於是它們便利用護盤方式，以期股價不再下跌。惟由於股價繼續下跌，甚至跌至股票淨值以下，終因週轉不靈而違約交割，如東隆五金、新巨群集團、禾豐集團、漢揚集團、台中精機集團、廣三集團與海山集團等。

當這些現象不斷發生時，少數貸款的民營銀行，如泛亞銀行與台中企銀都發生財務危機，其他銀行為求自保，難免採取保守措施，譬如要求補提擔保品，或提前還款，同時這些銀行也會緊縮融資，甚至停止融資。儘管政府要求各行庫不要「雨天收傘」，但民營銀行了解到逾期過多可能產生的危機，不得不對股票質押借款從嚴審核，或降低成數，或全面停辦此項業務。

(二)匯市的欲振乏力

　　從經濟基本面來看，新台幣並無大幅貶值的充分理由，譬如台灣每年仍有七、八十億美元的出超，外匯存底仍維持在900億美元上下，外債微不足道，通貨膨脹率低於2%，這些經濟指標應是維持新台幣價值的重要力量，可是台灣人民悲觀的預期心理因素卻產生了抵消作用，例如：

1. 最近兩年以來，兩岸關係不但沒有改善，反而有日趨緊張之勢。1997年縣市長選舉，主張「台獨」的反對黨在地方上取得絕對優勢，而政府的務實外交又不斷與中共在國際舞台上交鋒，致中共犯台的潛在威脅有增無減，而且成為人民心中揮之不去的夢魘。處在這種情況下，有不少人認為持有美元比持有新台幣更為安全。在自由兌換外幣的條件下，一般人很容易將新台幣換成美元，或存在外國銀行在台灣的分行，或存在台灣金融機構的外匯部，或匯到美、加、澳等地，以策安全。

2. 當1997年7月東亞金融風暴發生後，股價下跌，貨幣貶值已成為東亞各國的普遍現象，而且東亞國協國家及韓國的貶值幅度均在25%以上。如此大幅度的貶值，必有利於出口。處在這種情況下，新台幣如不貶值，會使台灣出口更加困難。很多人都預期到新台幣會貶值。為使儲蓄保值，有不少人將新台幣換成美元，於是增加對美元的需求，從而導致新台幣的貶值。個人與企業的外匯存款餘額由1997年9月的4246億

元穩定地上升到1998年9月的7270億元[4]。

　　新台幣是從1997年7月的27.8元兌換1美元貶到1998年9月的34.8元兌換1美元，貶值幅度高達25.2%[5]。自1998年下半年以來，日圓漸漸升值，同時美國經濟也受到金融風暴的波及，其中長期資本管理公司(Long Term Capital Management, LTCM)就是一例。也就是說，自該年9月起，新台幣有漸漸升值之跡象，到1998年10月已升到33.08元兌換1美元，12月又升到32.29：1的匯率，而且這個匯率已維持了五個多月。

（三）房市委靡不振

　　自1991年以來，台灣的房地產業，一直未復甦起來，主要原因是房地產價格過高，超出一般中產階層的購買力；另個原因是房屋供給過剩。據統計，仍有七、八十萬戶的房屋閒置，賣不出去。這兩個原因似乎是互相矛盾，其實就不能移動的固定資產而言，各有其形成的原因。

　　在台灣北部，尤其台北市，房齡十五年以上的樓房，每坪亦在20萬元以上，至於新建樓房，每坪仍在35萬元以上；昂貴者高達50~60萬元一坪。令人驚奇的是：價值逾億元一戶的高價屋，銷售相當不差；價值在1000~1500萬元一戶的樓房反而乏人問津。1997年發生的林肯大郡慘案，1998年發生的汐止三

---

4 見中央銀行經濟研究處所編印的《金融統計月報》，民國88年2月。

5 同上。

次大水爲患，使台北東區，尤其山坡地所建樓房既無行也無市，致一年來在這個地區興建的辦公大樓及公寓，皆成爲「禁忌區」，而相關業者在龐大貸款資金無力償還的壓力反映到它們的上市股價，到1999年2月，不少上市建築公司之股價低於淨值或票面值。

在台灣中南部，又呈另種現象，即房地產已降至合理價位，可是仍無人問津，像台中之公寓樓房，每坪不過8萬元，而透天厝每坪也僅六、七萬元。就其原因，乃在於房屋供給過剩，致價格大幅下跌；復由於大部分家庭均擁有一戶或數戶房屋，不需要再增購更多的房屋，況且將儲蓄放在銀行所獲收益更多。例如將500萬元存在銀行，每年可生息30萬元，如果花500萬元購買一戶樓房，自己不住租出去，一年收入約15萬元，如果租不出去，分文也收不到。比較之下，很多人寧選擇將儲蓄存在銀行生息。

三、政府的紓困措施

儘管在市場經濟，政府不應採取些干預市場運作的措施，但是在一個民主政治尚未上軌道的社會，政府干預措施還是免不了的。因爲：(1)工商界的壓力透過民意代表向執政當局表達時，其壓力會加倍；(2)政商關係密切的企業，透過裙帶關係，要求政府「護盤」；(3)政府喜歡做人民的保母，做大有爲的政府，當工商界遭遇困難時，當然責無旁貸。這些紓困措

施是否能發生如期效果，尚待事實證明。

(一)對匯市的干預措施

　　為恐新台幣持續貶值影響國家的債信能力，同時又考慮到匯市波動太劇烈時會不利於股市，於是當新台幣在1997年9~10月間大幅貶值時，政府曾釋出大量美元，以期增加美元的供給，抑制新台幣的持續貶值。當時輿論反應是：中央銀行不應干預市場機能的自由運作，於是央行停止釋出美元。結果，新台幣並未因央行未再釋出美元而繼續貶值。之後，央行對匯市不再有類似干預。不過央行曾用準備率及利率調整方式來影響匯率，其效果不彰。

(二)對於股市的護盤措施

　　對於股市，政府確曾投下很多心力。為顧及股價下跌會引發企業的財務危機，而這種危機又具「骨牌效應」，所以財金當局費盡心力，採取了很多措施，挽救股市，而這些措施主要是為了「護盤」。我們對財金當局針對股市作出重大影響的措施整理如表9-5，有關歷次存款準備率與利率調整後的情形列於表9-6，其中有對於重大措施的扼要說明。

1. 暫停交易

　　即對爆發財務危機的個別公司的股票，實施「暫停交易」措施，其目的是擔心這些有財務危機的公司之股價在無量下跌的情況下，市場上賣單與賣量高高掛著，波及其他上市公司的

股票，並希望將有問題的公司與股市大盤區隔出來，以免對績優股票造成衝擊。

表9-5　1998年股市重大訊息

日　期	重　大　訊　息	股價指數
1998/6/4	資券擔保品維持率降為120%	7,400
1998/8/1	降低存款準備率0.2～0.5%	7,600
1998/8/25	融券調高為九成	6,900
1998/9/3	融資調高為六成 平盤下禁止融券賣出	6,200
1998/9/28	降低重貼現率，擔保放款融通利率與存款準備率	7,000
1998/11/11	降重貼現率，擔保放款融通利率	6,650
1998/11/12	財政部推出五大振興股市措施	6,830
1998/12/7	降重貼現率，擔保放款融通利率	7,370
1999/2/2	降重貼現率，擔保放款融通利率	5,500
1999/2/19	大幅降存款準備率 金融保險證券業營業稅由5%降為2%	6,150
1999/3/30	4月1日起調高整體外資上限為50%	6,900

資料來源：本研究整理。

2. 屆期債務展延

對於營運正常的公司，允許其屆期債務再展延六個月，而且由銀行自行辦理。1998年12月25日，財政部採取四項措施，包括(1)金融機構為護盤所買入的股票，可以列為長期投資，不必在今年年底結帳時，反映在損益表上，以增加金融機構進

表9-6　1998年存款準備率與利率的調整情形

單位：％

日　期	存　款　準　備　率					利　率	
	支票	活期	儲蓄存款		定存	重貼現率	擔保放款融通利率
			活期	定期			
1998/7/31	19.75	17.75	10.25	5.75	7.75	5.25	5.625
1998/8/1	19.25	17.25	9.75	5.55	7.55		
1998/9/28	18.75	16.75	9.25	5.35	7.35	5.125	5.500
1998/11/11						5.00	5.375
1998/12/7						4.75	5.125
1999/2/2						4.50	4.875
1999/2/19	15.00	13.00	5.50	5.00	7.00		

資料來源：中央銀行經濟研究處，《金融統計月報》，88年2月。

場護盤的意願；(2)1998年6月4日財政部曾宣布，銀行承做以股票為擔保品的放款，因股價變動質押值低於債權額，但市價仍高於債權額者，銀行得不追補抵押品，且半年內(即12月4日以前)不列為金檢損失。此項措施繼續延長半年，以減緩股市賣壓；(3)七個穩定基金護盤小組統一由中國商銀董事長指揮，並分配各成員進場護盤的額度；(4)各大型行庫應以充裕資金，供應證券金融事業，以增加市場買氣。[6]

---

6 參見民國87年12月25日經濟日報社論。

3. 股市穩定基金

財金當局認為籌措一筆龐大的基金，可作穩定股市的工具，即當股價下跌到某一水準，可運用此筆基金進場護盤，使股價止跌回升[7]。財政部乃於1998年11月12日成立穩定股市專案小組，以三個月為運用期限，該小組成員包括公營銀行、民營銀行、郵匯儲金、勞退及勞保基金、公務人員退撫基金、壽險機構、產險機構等。投入股市額度為2830億元，由這些成員分攤。並規定各機構自行決定進場時機與選股標的，沒底線，也沒預定目標。由股市專案小組所籌畫的股市穩定基金，先由10家公營銀行提撥360億元，23家民營銀行提撥270億元，共計630億元，進場護盤。規定各銀行每天必須向金融當局申報買進金額及數量。

(三)概括承受

在1980年代初期發生「十信事件」，政府曾採用「概括承受」措施接管「十信」的經營權。在當時，此方式曾產生一定的作用，並避免「十信」倒閉所產生的不利後果。自此之後，

---

7 此種構想主要來自1995年夏季李登輝總統訪問康乃爾大學，引起中共反彈，造成兩岸情勢緊張，股價暴跌至4000點左右。為挽救股市，政府曾將郵儲基金，勞保及勞退基金等投入股市，使股價節節上升。當時台灣股市規模尚小，經濟基本面很健康，導致股價下跌，僅是一個因素。現在股市不振原因較多，在東亞金融風暴籠罩下，出口衰退，營建業陷於困境，累及金融機構，況股市規模已數倍於三年前，仍想用基金拉抬股價，風險性奇高。

每遇金融危機，政府總希望採用此措施來處理，此次宏福票券公司發生財務危機，即採用此措施，由宏福出讓51%的股權，由國際票券公司、中國國商銀、世華、及上海銀四家共同入股，並取得2/3以上董事席位。另一家中央票券公司也發生財務危機，亦成立接管小組，處理該公司的債信問題。

(四)對中小企業之融資

經濟部提撥390億元，作為緊急融資及專案貸款，以紓困中小企業。貸款對象為經營體質良好或具營運能力者，將協調銀行延長融資期限，利息延展(1~2年)，提高貸款額度，協助註銷退票紀錄。

對中小企業融資係透過行政院開發基金、經建會紮根貸款，中小企業信保基金及省屬行庫四大管道，協助中小企業融資。

同時為挽救企業跳票危機，自1998年11月5日起，中央銀行也提撥郵儲轉存款300億元，作中小企業案融資之用；其方式是專款專用，供作添購更換機器設備及週轉金貸款，其利率為7.3%，而週轉金貸款最長不得超過360天。

(五)振興房市

為提振房地產景氣，協助購屋者減輕利息負擔，中央銀行將釋出1500億元郵政儲金轉存款供銀行辦理低利購屋貸款，年利率為5.95%，其中政府補貼0.85個百分點，期限二十年，共

計要編列149億元預算補助，希望1999年能夠消化十萬戶餘屋。

為加速協助營建出清餘屋，即日（1998年12月31日）起，國宅、台糖開發住宅新建均暫停兩年，已取得建照者，准予延長建築期限兩年。[8]

(六)降低或打消銀行過高的逾放比率

國內銀行在劇烈的競爭下，經營就很困難，有些銀行逾放比率原來就有偏高的現象。經東亞金融風暴的侵襲，許多經營不善的企業，跳票、倒閉接踵而來。而政府對企業的紓困措施中，如：不補提擔保品，暫停交易，屆期債務可再展延六個月，以及振興建築業的購屋貸款等，更使銀行陷入另一高峰的逾放比率。銀行為資金的橋樑，就像人的心臟，為經濟體系的供血者，若銀行出現倒閉的現象，對整體國家經濟的傷害尤勝於其他產業，「銀行不可倒」為財金官員的信念。然而這些經營不善的企業，其債務大部分匯集到銀行身上，使其逾放比率節節高升。

1999年2月19日政府一口氣大幅調降存款準備率，支票存款由18.75%降到15%；活期存款由16.75%降到13%；活期儲蓄存款由9.25%降到5.5%，各下降3.75個百分點；定期儲蓄存款由5.35%下降到5%，定期存款由7.35%下降到7%，各下降0.35個百分點。這是政府破天荒且從未有過的大動作，如此可使銀

---

8 行政院已於1998年12月31日通過振興建築投資業措施。

行應用資金的成本下降，同時估計可釋放出1670億元的強力貨
幣。另者，金融保險證券業的營業稅由5%降為2%。這兩項重
大措施可使銀行每年約有400億元的節餘，企圖在五年內打消
2000億元的呆帳，使逾放比率降到合理的水準。然而，大幅調
降存款準備率，使得資金更加寬鬆，存款利率下降的幅度大於
放款，致利差擴大，銀行獲利更多。

　　政府這項直接補貼銀行的實質優惠，果真造成農曆年後股
市金融股的大利多，再加上石油輸出國家組織（OPEC）對石油
減產的成功與國際原物料價格的上揚，股市於1999年3月底重
回7000點。

四、民間對政府紓困措施之反應

　　對於紓解工商界之財務危機，政府煞費苦心；在所採取的
各種措施能否產生如期效果尚未定論之前，已引起社會輿論的
各種反響。從遭受危機的業者立場，總希望政府能採取些「立
竿見影」的措施，但是社會輿論多認為政府的紓困措施，多違
反現行法令，違背市場經濟的運作機制，甚至有人評為這些措
施有劫貧濟富，欠缺社會公平之嫌。

(一)對「不補提擔保品」措施之反應

　　在紓困措施中，允許企業短期投資可變為長期投資，在一
定條件下，銀行得不追補擔保品；對質押股票為跌至市價以下

之前，不得要求補提擔保品。儘管政府用意至善，但是這兩規
定中，前者違反公認的會計處理原則，後者會將風險轉嫁給銀
行。

(二)對「暫停交易」措施之反應

「暫停交易」之目的，是在使投資人能冷靜下來，勿「追
高殺低」，但是這種措施忽略客觀環境和投資人的預期心理。
恢復交易時，一般投資人會更悲觀，如果投資人懷疑暫停交易
的公司在財務上發生了危機，也會產生恐慌的預期心理。悲觀
與恐慌的預期心理都不利於恢復交易時的價位。1997年10月27
日紐約股市經驗告訴我們，一旦股市恢復交易，賣壓會湧現，
呈現暴跌現象[9]。如果大股東已掏空公司資產，無法恢復交易，
股票持有者該如何避免損失，也是個問題。

(三)對「屆期債務可再展延六個月」措施之反應

論者認為這個措施會提高貸放銀行的逾放比率，當此比率
過高，該銀行就會引來擠兌的風險。為防止此種風險之發生，

---

9 1997年10月27日，二點三十分，美國道瓊指數下跌越過350點，紐約證
券交易首次依規定宣布停止交易三十分鐘，目的在使投資人冷靜下
來，不料一等股市恢復交易，賣壓立即湧現，暴跌550點。交易所再
宣布停止交易一個小時，幸好及時收盤，否則1987年(黑色星期五)的
夢魘恐怕難逃。參見徐慈暉「解除漲跌限制，股市自有藍天」，民國
87年12月30日，中國時報。

民營銀行在配合上就會猶豫。事實也是如此，果真因逾放比率過高發生了擠兌現象，或者因逾放比率過高致上市的股價暴跌，均對貸放銀行不利。

(四)對「股價底線設在7000點」的反應

無論股價底線在7000點的說法是否為最低的，有誰能認定這是股價底線？既缺乏學理根據，也無經驗可考，徒增論者的紛紜不已。

(五)對「概括承受」措施之反應

政府的用意是試用集體的力量去挽救一個公司的生存，以避免因公司倒閉，導致大量失業，且累及相關企業的存在。論者認為它的後遺症是：鼓勵業者不必為經營失敗負責；而做生意，愈大愈好，反正政府會為其負責。這種心態並非沒有。

(六)對政府成立「股市穩定基金」的反應

政府利用股市穩定基金，大量投入股市，左右股價，此種行為是否與證券交易法第155條第一項：「……不得直接或間接從事其他影響集中交易市場某種有價證券交易價格之操縱行為者」相違背？是否唯政府有影響股價的權利而民間沒有？這些都與市場經濟原則不符。

(七)對「振興建築業」措施的反應

　　政府決定發出1500億元,利率5.95%的購屋貸款,挽救房市。學界有強烈的反應,銀行界多有抱怨。學界的反應是:這種措施是劫貧濟富,有利於營建業,對欲購房者幫助不大,因為房地產價位太高;銀行業者認為這種措施是政府拿納稅人的錢在為建商解套,也為銀行體系締造另一波逾放高峰。政府所辯解的是:營建業是一種火車頭工業。在經濟景氣陷於低迷時,每個國家都非常重視建築業,因為建築業一振興,就會帶動很多產業的復甦;反之,若長期低迷,會對國家經濟復甦帶來極大的負面影響,同時利息補貼政策可創造稅收200多億元,對國庫有利。

　　問題在於:台灣中南部房地產價位已降低40%以上,可是餘屋量太大,而且84%以上住戶擁有自宅,在供給過多情況下,購屋意願不高,況最近數年來的房市經驗,購屋保值之觀念亦在退色。在北部房地產價位仍高,每坪總在30~50萬元,非一般中產階層購買力所及,即使再降低利息負擔,他們仍負擔不起房屋的總價錢。北部房地產價位太高,主要是地價過高所致,如何降低地價,是解決房地產市場不振的關鍵。

(八)對「降低或打消銀行過高的逾放比率」之反應

　　在台灣,存款準備率與工業國家相比是偏高的,確實存有下降的空間,然而資金在寬鬆之際,政府卻採取大幅下降存款

準備率，其時機與幅度是否適當，不無問題。

　　對金融保險證券業營業稅的調低，其他產業認為不公平，一般社會大眾亦認為不符合社會正義與租稅負擔的公平原則，政府是在造成產業間的租稅歧視。政府所辯解的是：為發達與健全我國資本市場，營業稅可比照先進國家，可進一步調降到「零」。然而，在稅制未作全盤檢討時，並無任何替代歲入的部分，政府又面臨嚴重的預算赤字下，稅收每年缺少400億元，顯然係以犧牲政府的稅收以補貼銀行財團，「劫貧濟富」非常明顯。

　　總之，東亞金融危機已蔓延到台灣，近一年來，出口衰退影響了工業成長；而股市不振，又增加了工商界的財務危機。政府採取了很多措施振興股市，股市仍不起色；政府也在推動內需的擴張，經濟仍然不夠景氣。儘管與東亞各國相較，台灣的經濟表現比它們都好些，可是業者的反應，社會大眾的反應，都認為台灣經濟有問題；問題到底在哪裡？論者紛紜，莫衷一是。

　　目前，影響台灣經濟最大的因素是信心問題。這個信心與兩岸關係絕對有關。如果兩岸關係良好，足可合力抗拒東亞金融風暴的侵襲，因為大家對未來有信心，新台幣不會貶值那麼厲害，而股市也不會因一個謠言，就弄得雞飛狗跳。

　　如果兩岸關係能夠改善，台灣的投資環境就會有信心基礎。無論是科技島，還是文化國，就會建立起來。希望在進入二十一世紀的最後一年，無論政府與人民，均有此體認，也均

能朝這個方向努力。

五、1998年與1990年泡沫現象比較觀察

　　從1990年泡沫現象破滅到1998年泡沫現象再度破滅，前後不過八年時間，可是兩次泡沫現象並不完全相同。先就發生的原因來說，1980年代末發生的泡沫現象是源於總體經濟的失衡，即超額儲蓄得不到適當的投資出路，乃被利用到股市，於是股市狂飆；也被利用到房地產，於是房地產價格在兩年之間上漲了四、五倍。即

出口　>　進口　=　儲蓄　>　投資　⟹　超額儲蓄

超額儲蓄來自出超過大，例如1987年，出超金額曾達國民生產毛額的20%。當狂飆的股市與暴漲的房地產相激相盪，形成絢麗的泡沫時，由於它太脆弱，任何一項「利空」的資訊就會使泡沫破滅。

　　二十世紀末的泡沫現象是源於局部產業的失衡，即超額投資不但盲目，而且所用的資金是用股票質押貸款，或信用貸款方式，借自金融機構。當出口不振，而國際投機客在股市興風

作浪時，股市泡沫便破滅了。股價的連續下跌，便使這些玩股票的投資人不被「套牢」即被「斷頭」。

另一方面，在1990年泡沫現象崩潰時，主導股價飆漲的是「大戶」，而這些大戶在股市尚有豐富的經驗，由於上市股票的家數不多，交易量也有限，他們對股價變動有興風作浪的力道。當股價指數上漲到一萬點時，他們大都抽身，將股票賣出，獲得高利，只是虧了那些散戶。在當時的散戶，被股價飆漲沖昏了頭，從未想到本益比超高的風險，也從未想到股價一萬點的不合理，仍盲目的追高。然而，為時不久，股價就像瀑布傾瀉一樣之不堪收拾。大多數散戶是虧了，所虧的是私房錢，是自己的儲蓄，對他們的基本生活無太大影響，這也就是：在當時為股價狂跌而輕生的事例少見之原因。更重要的，1990年泡沫現象崩潰對金融機構無顯著影響，至於對經濟基本面之影響可由表9-7見之。

表9-7　1989~91年各產業與進出口成長率

單位：%

	經濟成長率	農業	工業	製造業	服務業	出口	進口
1989	8.2	-0.6	4.5	3.7	12.3	5.0	11.1
1990	5.4	2.1	1.1	-0.4	9.2	0.8	6.0
1991	7.6	1.8	6.8	6.7	8.5	12.8	15.1

資料來源：行政院主計處：《國民經濟動向》，民國83年。

在1990年的泡沫經濟破滅之後，對該年的經濟成長有些不

利的影響，即經濟成長率較往年低，為5.4%，主要的原因為工業生產成長率下降為1.1%；工業生產成長率下降主要源自製造業生產衰退0.4%，而製造業生產衰退係來自出口成長的不振，該年出口成長率為0.8%。可是，它的影響很短暫，到1991年，台灣經濟又恢復它持續成長的態勢，經濟成長率為7.6%，工業生產成長率為6.8%，其中製造業生產成長率為6.7%。同時，作為成長原動力的出口，其成長率為12.8%。由此可見，台灣經濟因泡沫經濟的破滅，僅有一年的低迷狀態。

到了1997年7月，東亞金融風暴在泰國發生，瞬間即橫掃整個東南亞，而東北亞也很快陷入它的暴風圈中，直到8月台灣所受的影響是股市和匯市，股價大幅下跌，而新台幣對美元貶值。除此，1997年的經濟成長率仍很高，為6.77%，工業生產成長率為5.72%（其中製造業生產成長率為6.64%），而出口亦成長8.67%。這表示東亞金融風暴在1997年對台灣經濟的基本面幾乎無影響，直到1998年下半年起，股價才大幅下降，而新台幣也進一步貶值，東亞金融風暴對台灣經濟的影響也完全顯示出來，即1998年經濟成長率較上年下降為4.83%，工業成長率為3.68%（其中製造業成長率為3.9%）。服務業成長率為6.07%，出口成長率為2.83%，經濟不振現象到1999年上半年，尚未見起色。

在此次的泡沫經濟中，「大戶」已不再見，改為財團法人，它們玩弄財務槓桿原理，以債養債的方式，過量投資股市。一方面由於出口衰退，另方面由於房市仍委靡不振，致股市一蹶

難振。股市之不振,使這些炒股票的財團法人都面臨「斷頭」的局面。它們的遭遇,也使許多金融機構因逾期放款過多而面臨危機。

除此,政府對1990年的泡沫經濟破滅並未採取任何積極措施來「紓困」,而是讓市場本身去調整;1998年的泡沫經濟破滅時,政府卻採取了「護盤」措施,以及增強內需的措施,期使台灣經濟能從低迷中復甦起來。可是直到1999年上半年,台灣經濟復甦的跡象並不明顯,一般人期望下半年,台灣經濟會逐漸復甦。

六、股價與總體經濟變數之實證關係

近年來,由於泡沫經濟主要表現在股市,也由於股市的興衰成了各國經濟景氣與不景氣的重要指標。我們不妨利用最近的統計資料,驗證一下,到底股價(Pstock)的變化與貨幣供給(M_{1b},M_2)、利率(重貼現率(ir))、匯率(ex)、物價(cpi)、外匯存底(ba)及工業生產指數(IND)的關係如何?也許有助於我們了解它們彼此之間的關係與密切程度。

就市場因素分析股價的變動而言,雖然1996~98年的經濟情況異於1980年代後期,本文仍基於第六章所建構的台灣泡沫經濟形成之理論基礎,分析總體經濟變數與股價的關係。首先將表示總體經濟變數的貨幣供給量、利率、消費者物價水準、匯率、外匯存底以及工業生產指數的月資料及其年成長率,分

別列於表9-8與表9-9。

　　就表中資料所示，自1996年4月以來，台灣股價不斷地持續上升，以月平均資料而言，到1997年7月時，股價爲9553.26點。在股價飆漲的過程中，國內的貨幣供給量發生了結構上的變化，其情形與1980年代後期股價飆漲時雷同。從表9-9所示，在1996年12月以前，代表廣義貨幣供給量的M_2，其月份的年成長率高於代表狹義的貨幣供給量M_{1b}，但1997年1月以後，M_{1b}的年成長率大於M_2，並呈現逐漸擴大之趨勢。這表示在股市飆漲期間，投資大眾會將定期存款的資金轉爲活期存款，以便於投資股票，如此才有可能使M_{1b}的成長率大於M_2。由重貼現率所表示的利率水準是下降的，消費者物價水準的成長率大都在3%以內，匯率亦在27~28元之間游走。外匯存底從1996年4月以後呈現緩慢增加之趨勢，顯示在股票飆漲期間，資本帳有淨匯入的情況。工業生產指數呈現出穩定增長趨勢，尤其在1997年表現更佳。從這些資料所示，自1996年以來到1997年上半年，國內經濟體系係處在低物價水準、低利率水準、匯率穩定及經濟中度成長的良好狀態。

　　東亞金融風暴於1998年逐漸在台灣浮現後，股價的下挫與資金的退潮是同時發生的。股價愈是下挫，股市資金退潮愈是嚴重。出口衰退，出超減退，外匯的累積就減少；外資的撤離就會使資本帳呈現淨匯出，如此不但使得新台幣貶值，外匯存底亦爲之減少；股市資金撤出後，國人的資金必尋找其他投資標的，通常是將活期存款轉變爲定期或儲蓄存款。就資料所示，

表9-8　1996~98年股價與重要經濟變數

年月期	股價	M$_{1b}$（百萬元）	M$_2$（百萬元）	重貼現率	物價	匯率	外匯存底（百萬美元）	工業生產指數
1996年1月	4942.99	3075906	12810897	5.50	117.15	27.41	89560	121.16
1996年2月	4790.21	3156834	12976185	5.50	118.26	27.48	90080	102.46
1996年3月	4897.05	3131360	12961395	5.50	117.61	27.41	82546	120.52
1996年4月	5846.37	3094550	12987518	5.50	119.13	27.17	84709	120.01
1996年5月	5986.38	3051613	13091941	5.25	118.96	27.33	84763	125.38
1996年6月	6264.34	3315622	13422946	5.25	119.70	27.66	85179	122.03
1996年7月	6205.34	3212318	13494036	5.25	117.90	27.56	86124	125.69
1996年8月	6234.74	3102176	13496170	5.00	122.38	27.49	86387	125.22
1996年9月	6429.08	3152399	13608373	5.00	121.71	27.49	86678	122.77
1996年10月	6525.70	3165809	13704798	5.00	121.21	27.51	87253	126.39
1996年11月	6690.71	3212901	13774068	5.00	121.13	27.50	87687	128.05
1996年12月	6881.57	3426058	13973876	5.00	120.29	27.50	88038	132.05
1997年1月	7135.16	3562444	14128966	5.00	99.86	27.44	88393	128.70
1997年2月	7642.26	3558692	14247106	5.00	100.93	27.54	88630	102.49
1997年3月	8166.46	3564049	14263145	5.00	99.40	27.53	88789	132.81
1997年4月	8505.78	3543474	14213787	5.00	100.09	27.61	88949	128.42
1997年5月	8146.61	3524079	14247253	5.00	100.21	27.84	90008	133.97
1997年6月	8604.60	3717334	14420802	5.00	101.89	27.81	90025	127.65
1997年7月	9553.00	3713300	14478361	5.00	101.81	28.70	88770	134.27
1997年8月	9890.00	3728568	14520631	5.25	101.72	28.63	87793	132.33
1997年9月	9112.00	3595961	14521550	5.25	102.37	28.597	85752	132.87
1997年10月	7983.00	3573201	14701794	5.25	101.00	30.944	82920	139.77
1997年11月	7732.00	3624482	14825621	5.25	100.73	32.052	83135	135.19
1997年12月	8148.00	3715252	15094359	5.25	100.82	32.638	83502	144.19
1998年1月	7850.00	3933136	15511154	5.25	101.85	33.996	84030	120.04
1998年2月	8808.00	3811048	15498842	5.25	101.23	32.100	84011	122.09
1998年3月	8976.00	3725472	15449224	5.25	101.85	32.860	83615	138.46
1998年4月	8785.00	3605525	15419612	5.25	102.20	32.970	84032	137.50
1998年5月	8226.00	3646733	15424517	5.25	101.87	33.989	84446	135.47
1998年6月	7540.00	3757148	15589910	5.25	103.34	34.351	83286	135.69
1998年7月	7874.00	3648938	15648758	5.25	102.67	34.369	83607	138.85
1998年8月	7218.00	3579217	15738523	5.25	102.17	34.843	83666	139.04
1998年9月	6832.00	3593383	15916859	5.125	102.79	34.372	84247	141.73
1998年10月	6886.00	3596783	16053042	5.125	103.61	32.45	86558	142.64
1998年11月	7109.00	3739701	16254950	5	104.67	32.43	88074	139.79
1998年12月	6832.00	3854784	16386722	4.75	102.96	32.22	90341	143.42

資料來源：中央銀行經濟研究處編的《金融統計月報》，台灣證券交易所
　　　　　的《證券統計資料》。

表9-9　1996~98年股價與重要經濟變數之成長率

年月期	股價	M_{1b}	M_2	重貼現率	物價	匯率	外匯存底	工業生產指數
1996年1月	-24.95	-7.02	7.01	0.00	2.29	4.22	-3.91	2.94
1996年2月	-26.83	2.63	8.83	-5.17	3.72	4.37	-5.37	2.38
1996年3月	-24.49	3.17	8.31	-5.17	3.00	5.42	-15.71	-5.36
1996年4月	-5.54	3.06	8.31	-5.17	2.82	6.88	-14.89	1.21
1996年5月	4.85	4.10	9.30	-9.48	2.87	7.01	-15.50	-1.82
1996年6月	13.69	7.48	9.69	-9.48	2.39	7.33	-15.17	-0.46
1996年7月	16.13	7.51	10.14	-4.55	1.45	4.99	-12.97	2.52
1996年8月	30.03	3.72	9.38	-9.09	5.04	0.95	-7.10	0.60
1996年9月	28.09	6.19	10.14	-9.09	3.84	0.26	-4.34	2.43
1996年10月	29.44	5.78	10.00	-9.09	3.67	2.19	-4.65	5.75
1996年11月	42.31	8.75	10.21	-9.09	3.19	0.92	-3.40	4.75
1996年12月	37.94	8.31	9.13	-9.09	2.52	0.73	-2.52	7.46
1997年1月	44.35	15.82	10.29	-9.09	1.97	0.11	-1.30	6.22
1997年2月	59.54	12.73	9.79	-9.09	2.05	0.22	-1.61	0.03
1997年3月	66.76	13.82	10.04	-9.09	1.10	0.44	7.56	10.20
1997年4月	45.49	14.51	9.44	-9.09	0.50	1.62	5.01	7.01
1997年5月	36.09	15.48	8.82	-4.76	0.76	1.87	6.19	6.85
1997年6月	37.36	12.12	7.43	-4.76	1.83	0.55	5.69	4.61
1997年7月	53.95	15.60	7.29	-4.76	3.30	4.14	3.07	6.83
1997年8月	58.63	20.19	7.59	5.00	-0.57	4.15	1.63	5.68
1997年9月	41.73	14.07	6.71	5.00	0.62	4.03	-1.07	8.23
1997年10月	22.33	12.87	7.27	5.00	-0.33	12.48	-4.97	10.59
1997年11月	15.56	12.81	7.63	5.00	-0.52	16.55	-5.19	5.58
1997年12月	18.40	8.44	8.02	5.00	0.26	18.68	-5.15	9.19
1998年1月	10.02	10.41	9.78	5.00	1.99	23.89	-4.94	-6.73
1998年2月	15.25	7.09	8.79	5.00	0.30	16.56	-5.21	19.12
1998年3月	9.91	4.53	8.32	5.00	2.46	19.36	-5.83	4.25
1998年4月	3.28	1.75	8.48	5.00	2.11	19.41	-5.53	7.07
1998年5月	0.97	3.48	8.26	5.00	3.12	22.08	-6.18	1.12
1998年6月	-12.37	1.07	8.11	5.00	0.77	23.51	-7.49	6.30
1998年7月	-17.58	-1.73	8.08	5.00	0.35	19.75	-5.82	3.41
1998年8月	-27.02	-4.01	8.39	0.00	1.05	21.70	-4.70	5.07
1998年9月	-25.02	-0.07	9.61	-2.38	1.21	20.19	-1.76	6.67
1998年10月	-13.74	0.66	9.19	-2.38	3.63	4.87	4.39	2.05
1998年11月	-8.06	3.18	9.64	-4.76	2.21	1.18	5.94	3.40
1998年12月	-16.15	3.76	8.56	-9.52	2.12	-1.29	8.19	-0.53

資料來源：同表 9-8

外匯存款餘額由1997年9月的4246億元增加到1998年9月的7270
億元,一年內外匯存款多增3000多億元;債券型基金由1996年
9月的1800億元增加到1999年3月的5000億元,多增3200億元。

　　這些現象都可從貨幣供給結構上的變化呈現出來,在空頭
市場,M_{1b}的年成長率就會遠低於M_2,並呈現漸次擴大的走勢。
就表9-9所示,M_2的年增率大都介於7~11%之間,例如1998年2
月以後M_{1b}的年增率不但低於M_2,且迅速下滑,於1998年7~9
月間曾出現負的變動率,由M_{1b}所示的股市資金退潮,股價也
呈現嚴重的下挫。1996~98年間貨幣供給與股價的走勢圖,如
圖9-1所示。這兩個變數存有正向變動的關係,但並不密切。

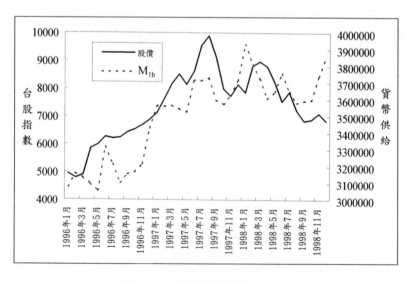

圖9-1 台股指數與貨幣供給

　　股市多頭時期，重貼現率所示的利率水準是下降的，由1996年1月的5.5%，降低到1996年8月的5%；後因股市過熱，於1997年8月提升一碼，變爲5.25%。東亞金融風暴來襲後，台灣經濟基本面逐漸變差，不少上市公司財務逐漸吃緊，股市亦呈現疲軟下挫走勢。有鑒於此，政府乃於1998年8月後，屢次調降重貼現率，1998年底時爲4.75%。股價指數與重貼現率的走勢關係，如圖9-2所示。

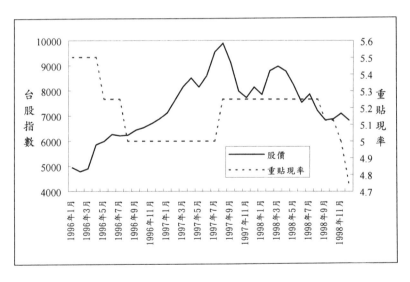

圖9-2 台股指數與重貼現率

　　匯率的高低不但表示一國的財力與國力，匯率的變動與走向也與股價息息相關。穩定的匯率或一國幣值的升值，常

可使股價向上推升，理由為國外的投資者或投機客會匯入游資進行投資與套利；若匯率不穩定或幣值走貶，外資便會撤離，股價也會下挫；在1996年到1997年7月股市多頭行情時，台灣匯率皆在1美元兌換27.5新台幣附近波動，外匯存底亦漸次增加。當7月東亞金融風暴在泰國發生後，新台幣亦遭受到貶值的壓力。7~9月的匯率約為1：28.5，10月份央行放棄對外匯市場干預後，新台幣快速貶值，10月的匯率為1：30.944，11月為1：32.052，到1998年4月為止匯率皆在1：33以內，到1998年8月時匯率變為1：34.843；之後新台幣幣值開始回升，到1998年底時為1：32.22。新台幣貶值之同時，外匯存底亦發生下降的現象，由1997年6月的900億元，穩定地逐月下降到1997年11月的831億美元，直到1998年9月才回到836億美元，而1998年底為903億美元。有關股價指數分別與匯率及外匯存底的走勢關係圖，如圖9-3與圖9-4所示，股價與匯率呈現負向關係，股價與外匯存底呈現正向關係，但之間的配合度與密切度似顯不足。

在工業生產指數方面，1996年與1997年皆有不錯的表現，但1998年似呈停滯狀況，因為東亞金融風暴對台灣經濟活動是有影響的。有關股價指數與工業生產指數的走勢關係圖，如圖9-5所示，股價與工業生產指數似呈正向關係，但之間的配合度在1998年似不理想。

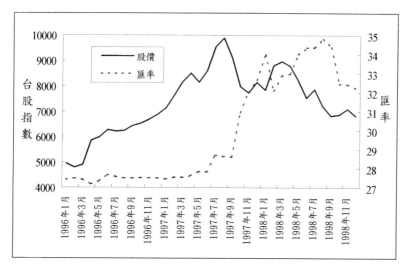

圖9-3 台股指數與匯率

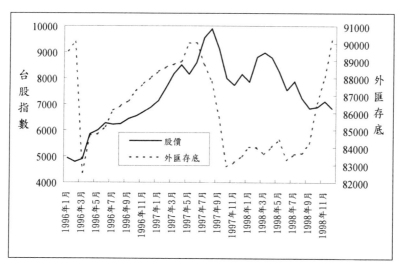

圖9-4 台股指數與外匯存底

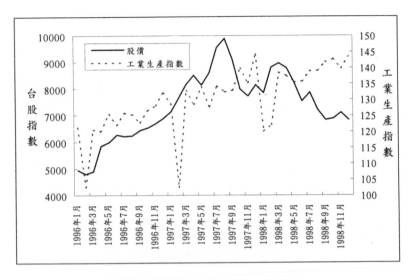

圖9-5 台股指數與工業生產指數

　　這些經濟變數與股價之間的Pearson相關係數列於表9-10。無論如何，股價仍然與貨幣供給呈現高度的正相關，但與匯率、物價、外匯存底及工業生產指數的相關係數都未及0.5。至於經濟變數之間相關的程度，由統計顯示，兩種不同定義之貨幣供給M_{1b}與M_2的相關程度極高（0.8561），匯率與貨幣供給間亦存有較高的正相關（0.67~0.88），其餘變數之間的相關程度則較低。

　　了解這些變數之間的相關程度後，我們進一步進行1996年~98年以月資料為基礎的股價決定式的迴歸分析，特別就股價與貨幣供給（M_{1b}）、工業生產指數與匯率進行分析。按照理論，

表9-10　1996~98年月資料股價與重要經濟變數之Pearson相關係數

	股價	M_{1b}	M_2	重貼現率	物價	匯率	外匯存底	工業生產指數
股價	1.0000							
M_{1b}	0.7675	1.0000						
M_2	0.5355	0.8561	1.0000					
重貼現率	-0.2922	-0.2881	-0.2933	1.0000				
物價	0.4445	0.6061	0.8074	-0.4288	1.0000			
匯率	0.3346	0.6780	0.8804	0.0929	0.6488	1.0000		
外匯存底	-0.0601	-0.0999	-0.2485	-0.5189	-0.1379	-0.5643	1.0000	
工業生產指數	0.4361	0.5092	0.6839	-0.2755	0.5601	0.5993	-0.2661	1.0000

資料來源：本研究。

貨幣供給的增加會使股價上升，貨幣供給的減少會使股價下跌，貨幣供給對股價的變動具有正面效果；工業生產指數的持續上揚，表示經濟成長與公司營運與獲利良好，因而對股價亦具有正面效果；匯率的上升，表示新台幣貶值，有利於出口，但出口是否確實增加，還需決定於貶值的相對幅度與他國的購買力。顯然東亞金融風暴使東亞各國的有效需求都降低了，而匯率的上升，未蒙其利，先受資金轍離或逃脫之害，因而匯率的上升對股價具有負面效果。

就這些變數分別與股價進行迴歸分析,以雙對數表示,貨幣供給量對股價有較高的解釋能力,其餘的都不理想。其實,1998年台灣的股價表現,信心是個很大的問題,但我們找不到可代表的變數進行實證分析。最後我們選用M_{1b}、匯率與工業生產指數這三個變數來推算1996~98年股價的決定式,結果顯示股價的變動深受M_{1b}與匯率的影響,工業生產指數不具統計顯著性(參見附錄式(9-8))。在二十世紀末的1996~98年,所謂的台灣第二次股市泡沫期間,在其他條件不變下,貨幣供給量(M_{1b})增加1%時,股價會增加2.382%;同樣地,貨幣供給量(M_{1b})減少1%時,股價亦會下降2.382%;匯率上升1%時,股價會下降0.777%。由這三個變數所組成的股價決定式,對股價變動的解釋能力只有七成,解釋能力不算很高,這種現象也許與投資者信心問題有關,因為「信心」無法量化,也就無法具體顯示出它的影響力量。

附錄:

迴歸方程式

1. 股價(Pstock)與貨幣供給量(M_{1b}): ⋯⋯⋯⋯⋯⋯⋯(10-1)

$$\log Pstock_t = -28.8850 + 2.5101 \log M_{1bt}$$
$$(-5.69) \qquad (7.43)$$

$$R^2 = 0.7647 \qquad \overline{R}^2 = 0.7509 \qquad F = 55.26$$

2. 股價與工業生產指數（IND）：⋯⋯⋯⋯⋯⋯⋯⋯⋯⋯⋯（10-2）

$$\log \text{Pstock}_t = 2.3562 + 1.3386 \log \text{IND}_t$$
$$\quad\quad (0.90) \quad\quad (2.47)$$

$$R^2 = 0.2637 \quad\quad \overline{R}^2 = 0.2204 \quad\quad F = 6.09$$

3. 股價與重貼現率（ir）：⋯⋯⋯⋯⋯⋯⋯⋯⋯⋯⋯⋯⋯（10-3）

$$\log \text{Pstock}_t = 15.3713 - 4.0086 \log \text{ir}_t$$
$$\quad\quad (13.58) \quad\quad (-5.80)$$

$$R^2 = 0.6643 \quad\quad \overline{R}^2 = 0.6445 \quad\quad F = 33.64$$

4. 股價決定式：⋯⋯⋯⋯⋯⋯⋯⋯⋯⋯⋯⋯⋯⋯⋯⋯（10-4）

$$\log \text{Pstock}_t = -15.8771 + 1.7126 \log \text{M1b}_t - 1.8246 \log \text{ir}_t$$
$$\quad\quad (3.09) \quad\quad (5.58) \quad\quad\quad\quad (-3.36)$$

$$+ 0.4057 \log \text{IND}$$
$$(1.71)$$

$$R^2 = 0.9040 \quad\quad \overline{R}^2 = 0.8848 \quad\quad F = 47.10$$

5. 股價決定式：⋯⋯⋯⋯⋯⋯⋯⋯⋯⋯⋯⋯⋯⋯⋯⋯（10-5）

$$\log \text{Pstock}_t = -7.2074 + 0.5979 \log \text{M1b}_t - 0.1829 \log \text{ir}_t$$
$$\quad\quad (-1.51) \quad\quad (1.47) \quad\quad\quad\quad (-0.28)$$

$$+ 0.1235 \log \text{IND}_t + 0.7683 \log \text{Pstock}_{t-1}$$
$$(0.61) \quad\quad\quad\quad (3.31)$$

$$R^2 = 0.9463 \quad\quad \overline{R}^2 = 0.9308 \quad\quad F = 61.50$$

第十章
結論與建議

一、結論

　　1980年代末期，台灣所發生的泡沫經濟，對台灣社會而言，是件新鮮的事，但也是一次慘痛的經驗；而本世紀末於1998年所發生的另次泡沫經濟，更給了刻骨銘心的經驗。為了記取這個教訓，乃是撰述本書的主要動機。經過理論與實證上的探討，我們發現台灣泡沫經濟的發生，除了因為金融制度落後、社會大眾貪婪心理形成外，第一次泡沫經濟主要是因為超額儲蓄（或出超）過多所引發的一種貨幣現象；而第二次泡沫經濟則是因為盲目的超額投資所引起的一種貨幣現象。當這種貨幣現象表現在股市，股市便狂飆；當它反應在房地產，房地產價格便飛漲。所謂「物極必反」，當股市狂飆超過了限度，房地產價格達到了「天價」[1]，

---

[1] 天價已成為一個普通化的新聞用語，凡價格漲到非一般人所想像的高度，稱為天價。

它們就像絢麗的泡沫一樣，一陣風過後，便告破滅。

　　台灣的股市含有很大成分的非理性投機行爲，所謂「追高殺低」是最適當的寫照。股市本爲一種資本市場，可是在台灣，它卻成爲非理性投機市場。它有點像賭博，贏輸要碰運氣，賭的最後結果是：凡嗜賭的人到後來都無利可圖。

　　過去，政府對於股市，可說無能爲力，對於它的狂漲，亦無適當的規範；對於它的暴跌，也只能袖手旁觀，這似乎表示，政府的立場是中立的。事實上，台灣的股市原本並不完善，少數「大戶」在1980年代末期，竟有呼風喚雨的影響，到了1997年，「法人」取代「大戶」，成爲有力操縱股價的怪手，使台灣的股市離完善尚有一段距離[2]。

　　獻身於股市的投資者對股市的功能有很大的誤解，它們熱衷於短線交易，希望每天都能把股市炒熱，從中「取栗」，結果自己的老本反被股市炒焦成灰。不重視股市的基本面，喜歡聽取小道消息，盲從跟進的行爲仍未改變。不過，很明顯的事實，乃1997年股市投資者較1980年代後期的股市投資者要理性多了。他們沒有要漲時，所有股價一齊漲；要跌時，所有股價一齊跌的現象，這是一大進步。

　　由於金融的自由化、國際化，股市的波動不僅受國內經

---

2 最普通所認定的完善的股市(perfect stock market)是指在股市，無個別投資者之賣出股票會使股價下跌，或買入股票而使股價上漲。否則，這種股市就是不完善的股市。

濟情勢的影響，也受國際經濟情勢的影響。紐約、東京、法蘭克福股市行情，會很快影響到台灣股市。一旦國際股市發生風暴，國內股市也會受波及，至於受波及的範圍及嚴重程度，要視國內經濟體質的健康情況及政府的態度而定。一個健康而具發展潛力的國家，受國際股市的影響較小，同時，政府的干預若不得其時，反而治絲益棼。由於國際化的關係，如貨幣大幅貶值，必然會影響投資股市的外資撤出。外資撤出，不但影響股價之下跌，也使貨幣更加貶值。1997年東南亞金融風暴就是個教訓。

財政部對於股市，只要股市健全，應聽任其自由運作，不宜採取任何直接干預行動；如果股市不完善，財政部應訂定適當而有效的法規加以規範。要財政部進場干預，時機是個難以掌握的因素，往往會事過境遷，得不到如期成果。

今後匯市，股市和貨幣市場的關係更加緊密，如果一國經濟體質欠佳，彼此的影響更加敏感，而且幅度也大。

至於房地產問題，睽諸近年來，世界各國的經驗，凡房地產價格超出中產階層的購買能力，這個國家不但有資產不景氣現象發生，也會導致經濟成長率的下降。1980年代下半期，美國房地產不景氣，導致七、八百家銀行破產，與成長率的下滑；1990年日本房地產價格曾達至高峰，接著日本房地產業不但衰退，而日本經濟成長自1992年起便大幅下降，到1997年還未明顯地復甦。香港房地產價格已成世界之最，這次受東南亞金融危機之影響相當的大，不僅股市作巨幅變動，而且房地產價格

也為之下跌。至於東南亞的泰國、馬來西亞、印尼也因房地產
價格之飛漲而導致經濟成長的下滑及金融風暴的嚴重性。1990
年台灣股市泡沫破滅，房地產業也跟著不景氣，至於何時會復
甦？仍須視其價格是否讓中產階層負擔得起而定。「前事不忘
後事之師」，讓我們珍惜這兩次的股市風暴，使股市、房市能
夠早日健全起來。

二、建議

　　根據前面的分析，我們的建議分兩部分，一為對投資者的
建議，一為對執政當局的建議。希望這些建議能提醒他們不要
重蹈覆轍，使股市、房市脫離泡沫的形象而健全起來。

(一)對投資者

　　股市是企業憑其經營業績，為求進一步發展，向社會大眾
匯集資金的地方；它不是金錢遊戲之所，或賭場。因此，對投
資者願做以下的建議：

　　1.「勤儉致富」的價值應當根植人心，不勞而獲的貪婪心
　　　理應當消除。

　　2.個人投資股票，不宜超出自己的財務能力，無論向朋友
　　　借錢，或由銀行貸款，均非健全之道。因為一旦失手，
　　　為還債，會弄得傾家蕩產，永難翻身。

　　3.不要將資金完全放在股市，股市變化無常，賺虧難卜，

否則，就像將所有雞蛋放在一個籃子裡一樣的危險，所以分散投資項目是必要的，因為它可分散風險，不至全軍覆沒。

4.不要盲從「大戶」或「法人」而跟進。它們往往能掌握機先，而一般散戶卻易失去良機。1980年代下半期，台灣股市大崩盤，受損失最大的，不是「大戶」而是「散戶」。由於自己對股市資訊較為欠缺，可考慮委託聲望較著名的信託投資公司代為操作。

5.從事股票投資，絕不能毫無股市知識。對於股市的基本面，即大環境，也就是國內經濟情勢的好壞，要能充分了解，尤其是發行股票公司所經營的行業，更應知道它是夕陽工業還是朝陽工業，而這種工業產品的生命期如何，也應有所了解，這是作長期投資必須考慮的基本條件。

6.股利是股價的重要構成因素，因此在購買股票之前，對發行股票的公司財務狀況，應有所了解。如果發行股票的公司財務不健全，或者瀕於破產，即使它的股價再漲，也應考慮它的風險，一則是不購進此種股票，一則是如已持有此種股票，應盡速脫手。

7.投資股票不能太貪，即股價上漲時，總認為它還會繼續上漲，不願賣出，到後來，因股價暴跌而被套牢者很多。因此個人投資股票，應對股價有個期盼，如果漲到某一點時，即拋售；或者跌超過某一點時，亦拋售，或者以長期投資方式持有。

8.財務槓桿原理之應用有其限度，業者不宜濫用，否則，股價一路下跌時，不僅要被套牢，而且很可能被「斷頭」。

9.年老一代的企業家，在金融的大風大浪中，多能屹立不搖，但他們接班的中生代總想「一夜致富」，於是以債養債，盼成巨富，結果，數十年努力的成果會在一夜之間付諸東流。

（二）對執政當局

1.基本上，政府的角色應確立股市的公平、公開的遊戲規則，增加便利企業的籌資管道，以增加股市籌碼，並減少投資者風險。

2.政府的高級官員，不論在什麼情況，不能對股市直接放話，因爲他們有行政權威，但不是股市專家。高官放話只能限於對大環境的看法，絕不是股價偏高還是偏低；該進場還是不該進場。如果放話之後，股價成反方向變動，一般投資者會埋怨政府，而在將來選舉時，執政黨會因此失去很多選票。

3.執政當局應重視的是內線交易。內線交易是不道德也不合法的事，應嚴加制止。

4.爲使個別投資者（無論大戶或法人）無影響股價的力量，政府應制定法規，作合理的規範，以免股價受少數投資者之操縱，使其失去自由運作的力量。

5.政府對股價之連續上漲或連續下跌，應否採取些金融措

施，加以糾正或限制？在經濟自由化與國際化趨勢之下，
政府所能運用的工具很有限。在金融方面，中央銀行可
利用的工具包括調整準備率、重貼現率、以及公開市場
操作。因為股市波動與貨幣供給密切相關，這些金融措
施都會影響貨幣供給的走向，故有其一定的效果。問題
是：在什麼時候，政府才採取金融措施？時機為最重要，
錯過時機，任何措施都無濟於事。在股價過高時，它會
令股市崩盤；在股價過低時，也會失去刺激作用。

何時採取金融措施？我們的看法是：股票的本益比是個
可參考的指標。如果股市中，1/3的股價漲幅很大，而且
其本益比超過所定標竿的上限，或者跌幅太大，而其本
益比低於所定標竿之下限，金融主管可運用適當的金融
措施，予以調劑，使其產生預警效果，俾使股價回到正軌。
對於股價之暴漲暴跌，政府能否採取財政措施予以糾正？
在選舉制度就是民主政治的認知下，無論提高稅率或增
加稅目，都是極為困難的事，儘管證交稅率或證交所得
稅的變更對股價有某種程度的影響。

6. 有關股市變動的資訊對投資者之選擇十分重要。很多散
戶每日都進出股市，然而對決定股價變動的有關資訊，
個人掌握的能力非常少。因此，它們多依賴電視的「第
四台」股市分析師來提供。政府對於股市分析師，在資
格上應作嚴格的限制，以免信口雌黃，讓散戶信以為真，
而上大當。

7. 過去「大戶」放話,「利多」或「利空」消息對散戶都
會產生些影響,現在「大戶」力量已弱,所謂「法人」
基金對股市的影響力量比當年之「大戶」還要大。通常,
他們的伎倆是:要進場購進股票時,就放「利空」的話;
要進場賣出時,就放「利多」的話,以影響散戶的態度。
政府應訂法限制法人之放話。

8. 為鼓勵長期投資,政府對證券交易稅率應有不同的規定。
凡持有某一股票,超過半年以上才出售者,應降低證交
稅率。持有某一股票的時間愈長,其所繳納的證交稅率
則愈低。

9. 自由競爭的股市應該是個別投資者不能影響股價,然而
近年來國際投機客,對開發中國家的股市竟有呼風喚雨
的影響力量[3]。由此次東亞金融危機發生的歷程可見,他
們利用兩種力量:一是他們持有的股票,在股市中占相
當大的分額,一是他們散布謠言,製造「利多」或「利
空」消息。前者使很多國家的股市成為不完善的市場,
即少數法人可因購進和賣出,直接影響股價,完全違反

---

3 很多報導指出,1997年7月以來,泰國金融危機,泰銖匯率之暴跌是
由於國際投資客買美元放空泰銖,而泰政府的護盤,竟損失50億美元,
而投機客獲利超過30億美元。於是泰國政府首先指責美國金融專家喬
治‧索羅斯(George Soros)是禍首,而馬來西亞不但為之附和,而且
還指控索羅斯為「蠢人」、「種族主義者」。參見《中國時報》(民
國86年9月30日;11月1日)。

自由競爭的原則。對於這種投資者的投資金額，應否加以限制，或者如何限制，值得研討。對於他們之利用「利多」或「利空」的放話來影響人心，已如前述，政府應做適當之規範。

10.一個有作為的政府，首要根絕政商掛鉤，斬斷與財團的裙帶關係。今後的民主政治將是議會政治，政黨政治，執政黨不宜偏袒某些業者，給予額外的優惠。當股市泡沫破滅時，政府更不應讓民營金融機構也參與「護盤」的行列。因為一旦股價持續跌下去，民營金融機構也會陷入金融危機。

11.對於股票上市公司，應規定其財務透明化；加強監管制度，對於輔導公司股票上市之會計事務所，嚴格規定上市公司填報之財務報表必須切實，以徵信投資大眾。

至於房地產市場，無論房地產之購進或賣出，不如股票那麼容易。股價在一夜之間會下跌30%或40%，房地產卻不會如此。所以典型的泡沫經濟容易出現在股市，而在房地產方面，所發生的通常是資產的繁榮（asset prosperity）或資產的蕭條（asset recession）。

總之，泡沫經濟是一國或一社會經濟之一種時髦病症。當這個國家或這個社會的經濟健康出了問題，譬如外債高築，貿易赤字擴大，政府效率差而喜歡干預，這種時髦病就愈侵入。為了防止這種時髦病的侵入，前新加坡總理李光耀說得肯切「幾乎每一個經濟危機，根本原因都出於政治，而非經濟」，而且

認為「在今日資訊快速傳播的全球市場裡，政策錯誤將付出重大代價。」[4]。

4 參見民國86年11月7日《中國時報》〈骨牌效應衝擊亞洲各國〉。

參考文獻

一、中文部分

于宗先

民國79年　〈倘若股價繼續狂飆下去〉，見于宗先，《經濟發展啟示錄》，台北：(三民書局)。

民國82年　〈金錢遊戲的源流與疏導〉，見于宗先，《蛻變中的台灣經濟》，台北：(三民書局)。

民國84年　〈台灣工業空洞化的驗證〉，見于宗先，《自由中國之工業》，行政院經建會。

方博弘

民國86年　〈台美匯率泡沫檢定——轉換迴歸模型的應用〉，私立淡江大學產業經濟研究所碩士論文。

王聰明

民國79年　〈台灣地區超額貨幣供給與股票價格關聯性之實證研究〉，(淡江大學金融研究所碩士論文)。

吳森田

民國83年　〈所得、貨幣與房價——近二十年台北地區的觀察〉，《住宅學報》第二期，頁49~65。

李又剛

　　民國79年　　〈股市結構變遷與週四效果關連性之研究〉，《企銀季刊》14
　　　　　　　　卷4期，頁1~19。

　　民國82年　　〈股市特徵持續性之探討——以中、美、英、日、港、泰、新、
　　　　　　　　馬、菲九國股市為例〉，《企銀季刊》17卷1期，頁79~94。

李又剛、丁誌紋

　　民國77年　　〈『黑色星期一』之後，中、美、日、港四國股市之探討〉，
　　　　　　　　《台北市銀月刊》19卷10期，頁43~55。

　　民國77年　　〈探討1987年中、美、日、港四國股市的表現〉，《台北市銀
　　　　　　　　月刊》19卷7期，頁8~26。

李又剛、呂淑玲

　　民國80年　　〈日本股市計量模型、結構變遷暨其對台灣股市的影響〉，《企
　　　　　　　　銀季刊》15卷2期，頁1~10。

李又剛、林志強

　　民國78年　　〈中、美、英、日、港五國股市近期之表現〉，《台北市銀月
　　　　　　　　刊》20卷11期，頁6~20。

林宗懋

　　民國80年　　〈台灣地區貨幣供給、利率與股價因果關係之實證研究〉，交
　　　　　　　　通大學管理科學研究所碩士論文。

林啓淵

　　民國68年　　〈貨幣供給對台灣股票市場影響之研究〉，政治大學企業管理
　　　　　　　　研究所碩士論文。

林筠民

　　國81年　　　〈台灣股票市場投機泡沫之實證研究〉，行政院國家科學委員會
　　　　　　　　專題研究計劃成果報告，NSC-81-0301-H002-018。

林筠、柯順雄

　民國83年　　〈台灣股票市場泡沫貼水之驗證〉，《台灣經濟金融月刊》29
　　　　　　　卷4期，頁47~55。

林讚生

　民國80年　　〈財務結構、經濟因素與股價報酬之關係〉，淡江大學管理科
　　　　　　　學研究所碩士論文。

邱顯比

　民國80年　　〈泡沫對股市之影響〉，行政院國家科學委員會專題研究計劃
　　　　　　　成果報告，NSC79-0301-H002-066P。

施　燕

　民國79年　　〈台灣地區存款利率結構與股市交易對貨幣需求影響之實證分
　　　　　　　析〉，《中央銀行季刊》12卷3期，頁45~64。

徐守德、林恩右

　民國82年　　〈台灣及國際股市價格波動幅度之互動關係〉，《台北銀行月
　　　　　　　刊》24卷6期，頁68~100。

殷乃平

　民國86年　　〈金融自由與金融體制重建：台灣經驗〉，《現代化研究專刊》
　　　　　　　9卷，頁24~37。

梁發進

　民國78年　　〈台灣之貨幣供給、股票價格與通貨膨脹〉，《台灣銀行季刊》
　　　　　　　40卷4期，頁1~27。

康信鴻、初家祥

　民國85年　　〈台灣地區外匯市場與股票市場互動關係之實證研究——聯立
　　　　　　　方程式模型〉，《中山管理評論》4卷1期，頁113~132。

張金鶚

　民國79年　　《房地產的世界》，（台北：源流出版公司）。

民國80年　《房地產真實交易價格之研究》，（台北：政大地政系）。
民國84年　《台灣地區住宅價格指數之研究》，（台北：政大地政系）。

張梅英
民國81年　〈台灣地區都市地價變動分析〉，《經社法制論叢》10期，頁
　　　　　301~327。

張麗蕙
民國78年　《台灣股價波動之總體經濟因素分析》，國立政治大學國際貿
　　　　　易研究所碩士論文。

張錫杰
民國82年　《台灣地區股價與匯率，利率之互動關係──VAR模式應用》，
　　　　　中原大學企業管理研究所碩士論文。

郭建忠
民國78年　《台灣地區貨幣供給與物價對股價之動態》，淡江大學管理科
　　　　　學研究所碩士論文。

陳至還
民國80年　〈當今國內股市的問題癥結〉，《台灣經濟金融月刊》27卷5
　　　　　期，頁1~13。

陳怡如
民國86年　《股價與總體經濟變數間的長期因果關係》，中國文化大學經
　　　　　濟學研究所碩士論文。

陳翠玲
民國79年　《總體經濟因素與股價關係之研究》，中山大學企業管理研究
　　　　　所碩士論文。

陳溢茂、施燕、鄭麗玲
民國81年　〈股價、利率與銀行存款之因果關係──VAR模型之應用〉，
　　　　　《中央銀行季刊》14卷2期，頁48~55。

黃書紳

民國69年　〈影響中日股價各大勢力衰退之原因與股價合理化〉，《台灣經濟研究月刊》13卷11期，頁99~104。

黃博怡、歐陽繼德

民國78年　〈台灣股票市場、貨幣供給與物價之實證研究〉，《台北市銀月刊》20卷11期，頁21~32。

黃水法

民國78年　《影響台灣地區股價變動因素之研究》，文化大學企業管理研究所碩士論文。

黃義瑋

民國69年　《股價變動的經濟領先指標分析──ARIMA模型分析》，國立交通大學科學管理研究所碩士論文。

鄒孟文

民國82年　〈台灣股價指數與貨幣供給之因果關係檢定〉，《台灣經濟金融月刊》29卷12期，頁26~34。

楊忠欽

民國81年　《大台北地區房價決定模型之實證研究》，淡江大學金融研究所碩士論文。

楊淑玲

民國81年　《台灣分類物價、股價、貨幣供給之因果關係分析》，淡江大學金融研究所碩士論文。

劉子瑯

民國77年　《台灣地區貨幣供給與股票價格關係之實證研究》，台灣大學商學研究所碩士論文。

謝淑惠

民國80年 《台灣地區股價泡沫現象之檢定》，國立政治大學國際貿易研究所碩士論文。

錢盡忠

民國77年 《台灣地區匯率與股價因果關係之實證研究》，政治大學企業管理研究所碩士論文。

二、英文部分

Ando, A. and A. J. Auerbach

1990 "The Cost of Capital in Japan: Recent Evidence and Further Results," *Journal of The Japanese and International Economies*, Vol. 4, pp.323-350.

Azariadis, C. and R. Guesnerle

1986 "Sunspots and Cycles," *Review of Economic Studies*, Vol. LIII, pp.725-737.

Bertocchi, G.

1991 "Bubbles and Inefficiencies," *Economic Letters*, Vol. 35, pp. 117-122.

Casella , A.

1989 "Testing for Rational Bubbles with Exogenous or Endogenous Fundamentals, " *Journal of Monetary Economics*, Vol. 24, pp.109-122.

Evans, G. W. and S. Honkapohja

1992 "On the Robustness of Bubbles in Linear Re Models," *International Economic Review*, Vol. 33, No. 1, pp. 1-14.

Evans, G. W.

1986　"A test for Speculative Bubbles in the Sterling-Dallar Exchange Rate: 1981-84," *The American Economic Review*, Vol. 76, No. 4, pp.621-636.

Evans, G. W.

1991　"Pitfalls in Testing for Explosive Bubbles in Asset Prices," *The American Economic Review*, Vol. 81, No. 4, pp.922-930.

Flood, R. P. and R. J. Hodrick

1986　"Asset Price Volatility, Bubbles, and Process Switching," *The Journal of Finance*, pp.831-842.

Flood, R. P. and R. J. Hodrick

1990　On Testing for Speculative Bubbles," *Journal of Economic Perspectives* , Vol. 2, No. 2, pp.85-101.

French, K. R. and J. M. Poterba

1990　"Japanese and U.S. Cross-Border Common Stock Investments," *Journal of The Japanese and International Economies*, Vol. 4, pp.476-493.

Friedman, D. and M. Aoki

1992　"Inefficient Information Aggregation as A Source of Asset Price Bubbles," *Bulletin Economic Research*, Vol. 44, No.4, pp.251-279.

Froot, K. A. and M. Obstfeld

1991　"Intrinsic Bubbles: The Case of Stock Prices," *The American Economic Review*, Vol. 81, No. 5, pp.1189-1214.

Garber, P. M.

1989　"Tulipmania," *Journal of Political Economy*, Vol. 97, No. 3, pp.535-560.

Garber, P. M.

1990　"Famous First Bubbles," *Journal of Economic Perspectives*, Vol. 4, No. 2, pp.35-54.

Gilles, C. and S. F. Leroy

1992 "Bubbles and Charges," *International Economic Review*, Vol. 33, No. 2, pp.323-339

Hardouvelis, G. A.

1988 "Evidence on Stock Market Speculative Bubbles: Japan, the United States, and Great Britain," *Frbny Quarterly Review*, pp.4-16.

Hayashi, F. and R. Jagannathan

1990 "Ex-day Behavior of Japanese Stock Prices : New Insights from New Methodology," *Journal of The Japanese and International Economies*, Vol. 4, pp.401-427.

Ikeda, S. and A. Shibata

1992 , "Fundamentals-dependent Bubbles in Stock Prices," *Journal of Monetary Economics*, Vol. 30, pp.143-168.

Jarrow, R. A.

1992 "Market Manipulation, Bubbles, Corners, and Short Squeezes," *Journal of Finance and Quantitative Analysis*, Vol. 27, No.3, pp.311-336.

Kim, K. H. and S. H. Suh

1993 "Speculation and Price Bubbles in the Korean and Japanese Real Estate Markets," *Journal of Real Estate Finance and Economics*, Vol. 6, pp.73-87.

Mattione, R. P.

1992 "Are Japanese Investors Taking Their Money Home?," *Contemporary Policy Issues*, Vol. 5, pp.11-20.

Meese, R. A.

1986 "Testing for Bubbles in Exchange Markets: A Case of Sparkling Rates?," *Journal of Political Economy*, Vol. 94, No. 2, pp.345-373.

Samuelson, P. A.

   1985   *Economics*, (New York: McGraw-Hill, Inc..)

Santoni, G. J.

   1987   "The Great Bull Markets 1924-29 and 1982-87: Speculative Bubbles or Economic Fundamentals?" *Federal Reserve Bank of St. Louis*, pp.16-30.

Shiller, R. J.

   1987   "Investor Behavior in the October 1987 Stock Market Crash: Survey Evidence," NBER Working Paper 2446.

Shiller, R. J.

   1990   "Speculative Prices and Popular Models," *Journal of Economic Perspectives*, Vol. 4, No. 2, pp.55-65.

Shiller, R. J. and F. Kon-Ya, and Y. Tsutsui

   1991   "Investor Behavior in the October 1987 Stock Market Crash: The Case of Japan," *Journal of The Japanese and International Economies*, Vol. 5, pp.1-13.

Stiglitz, J. E.

   1990   "Symposium on Bubbles," *Journal of Economic Perspectives*, Vol. 4, No. 2, pp.13-18.

Temin, P.

   1990   Lessons from the Great Depression, (Cambridge: the MIT Press).

Tirole, J.

   1985   "AssetBubbles and Overlapping Generations," *Econometrica* , Vol. 53, No. 6, pp.1499-1528.

Topol, R.

   1991   "Bubbles and Volatility of Stock Prices: Effect of Mimetic Contagion,"

The Economic Journal, Vol. 101, pp.786-800.

Ueda, K.

1990 "Are Japanese Stock Prices Too High?" *Journal of The Japanese and International Economies*, Vol. 4, pp.351-370.

West, K. D.

1987 "A Specification Test for Speculative Bubbles," *Quarterly Journal of Economics*, pp.553-580.

West, K. D.

1988 "Bubbles, Fads, and Stock Price Volatility Tests: A Partial Evaluation," *The Journal of Finance*, pp.639-656.

Woo, W. T.

1987 "Some Evidence of Speculative Bubbles in The Foreign Exchange Markets," *Journal of Money, Credit, and Banking*, Vol.19, No. 4, pp.499-514.

Wood, C.

1992 *The Bubble Economy: Japan's Extraordinary Speculative Boom of the '80s and the Dramatic Bust of the '90s*, (New York: The Atlantic Monthly Press.)

Yoshida, A.

1993 "Demand for Residential Land: A Time-Varying Time Preference Rate Approach," *Journal of The Japanese and International Economies*, Vol. 7, pp.277-296.

索 引

台灣經濟論叢1
台灣泡沫經濟

1999年9月初版　　　　　　　　　　定價：新臺幣250元
有著作權・翻印必究
Printed in Taiwan.

著　　　者	于	宗	先
	王	金	利
發 行 人	劉	國	瑞

出 版 者　聯 經 出 版 事 業 公 司
臺 北 市 忠 孝 東 路 四 段 5 5 5 號
電　　話：2 3 6 2 0 3 0 8・2 7 6 2 7 4 2 9
發行所：台北縣汐止鎮大同路一段367號
發 行 電話：2 6 4 1 8 6 6 1
郵 政 劃 撥 帳 戶 第 0 1 0 0 5 5 9 - 3 號
郵撥電話：2 6 4 1 8 6 6 2
印 刷 者　雷 射 彩 色 印 刷 公 司

執 行 編 輯　賴 韻 如
封面設計　王 振 宇

行政院新聞局出版事業登記證局版臺業字第0130號

國家圖書館出版品預行編目資料

台灣泡沫經濟／于宗先、王金利著．--初版．
--臺北市：　聯經，1999年
　　面；　　公分．（台灣經濟論叢：1）
　　參考書目：　　面；含索引

ISBN　957-08-2000-4(平裝)

1.經濟-台灣　2.證券

552.2832　　　　　　　　　　　　88011577

台灣經濟論叢1
台灣泡沫經濟

1999年9月初版　　　　　　　　　　定價：新臺幣250元
有著作權・翻印必究
Printed in Taiwan.

著　　者	于	宗	先	
	王	金	利	
發 行 人	劉	國	瑞	

出版者　聯 經 出 版 事 業 公 司　　執行編輯　賴　韻　如
臺 北 市 忠 孝 東 路 四 段 5 5 5 號　　封面設計　王　振　宇
電　　話：23620308・27627429
發行所：台北縣汐止鎮大同路一段367號
發行電話：2　6　4　1　8　6　6　1
郵 政 劃 撥 帳 戶 第 0 1 0 0 5 5 9 - 3 號
郵撥電話：2　6　4　1　8　6　6　2
印 刷 者　雷 射 彩 色 印 刷 公 司

行政院新聞局出版事業登記證局版臺業字第0130號

國家圖書館出版品預行編目資料

台灣泡沫經濟／于宗先、王金利著 . --初版 .
--臺北市： 聯經，1999年
面； 公分 .（台灣經濟論叢：1）
參考書目： 面；含索引

ISBN 957-08-2000-4(平裝)

1.經濟-台灣 2.證券

552.2832 88011577

企業名著

●本書目定價若有調整，以再版新書版權頁上之定價為準●

領導人叢書

●本書目定價若有調整,以再版新書版權頁上之定價為準●